子どもと話す

マッチョってなに？

クレマンティーヌ・オータン 著
山本規雄 訳

現代企画室

子どもと話す　マッチョってなに?

はじめに

読者の皆さんはアルバンのことをご存じなかったですね。アルバンは私の弟です。母親が違う、いわゆる「腹違い」の弟、言ってみれば一九六八年の五月革命以降の、ポスト・フェミニズム時代の弟です。父親は同じで、この父親の影響で二人とも政治に強い関心を持っています。それでアルバンは、いつもいろんなことに疑問を持っているのです。性差別というこの難しい問題について話し合ったのは、彼がまだ一八歳にもならない頃でした。彼のおかげでこの会話は本当に楽しかった。性差別は、個人の内面の深いところに関わる問題だし、日常的な習慣にも関わっているし、男女関係やセックスやアイデンティティにも関わっている問題です。アルバンは自由に発言してくれました。私はそのことに大いに感謝しています。

第一章　マッチョ、性差別、押し付けられる規範

——マッチョって言葉があるけど、どんな行動がマッチョってことになるんだろう？

「自分ではどう思うの？　正直に言って、少しは自分もマッチョだと思う？　あるいはすごくマッチョ？　それともぜんぜんマッチョじゃないとか？」

——自分で自分のことをマッチョだとは思わないよ。女の友だちをからかって冗談を言ったりするときに、ちょっとマッチョっぽいかなと思うけど……ぜんぜん本気で言ってるわけじゃないし。オーヴェルニュの実家にいるときは、ときどきそうなっちゃうかな、ちょっとだけ。でもそれは環境が特殊だからなんだよね。あそこでは母さんが家事をしているときに、ぼくはチェーンソー

を使ったりしなきゃならないからね。でも力仕事が何もないときには、嫌がらないで洗濯を手伝ったりするんだよ……。

「マッチョっていうのは、いかにも男らしいと思われていることをするのが好きだってことだけじゃないんだよ。もちろんそれも含まれるけど。それよりむしろ、男は女より上なんだと主張したり、女に対して支配者のように振舞ったりする人のこと。伝統的な規範……つまり男はこうすべき、女はこうすべきって男女それぞれに伝統的に割当てられてきた役割があるよね。いまでもその役割に見合うように振舞うことが当たり前だとされているし、そこから完全に逃れることは無理だと私は思う。実際、自分が押し付けられた役割に従って行動していることを、いつでも自覚できるとは限らないしね。男らしいとされている役割に従って行動している人と、マッチョとの違いはそれほど大きくない。境界線ははっきり引けないの。それにいままではマッチョを自称することは、自分は男尊女卑ですよって言っているようなものだから、あなたが自分はマッチョじゃないといっても、どれほど冷静に判断できているか、ちょっと怪しいよね……」

——押し付けられた役割から完全には逃れられないと思うのはどうして？

「なぜなら人は、自分たちを取巻いている外の世界から切り離されて生きているわけではないからよ。いまでも社会にはまだ性差別がたくさんあるし、そういう環境から私たちは絶対に影響を受けているはず。もっと言えば、そういう環境によって作り上げられているとさえ言える。でもだからといって、自由の余地がいっさいないなんていうわけでもないし、私たちに取りついている男尊女卑的な規範に抗うことが不可能というわけでもない。でもね、一方の性がもう一方の性を抑圧してきた二〇〇〇年間の世界史の重みは、たった一人ではどんなにがんばっても、なかなか逃れられるものじゃないのよ」

——料理は好き？

「え？　好きだよ、とっても。……ひょっとして私みたいなゴリゴリのフェミニストも、女性に割当てられている役割を受け入れているかどうか確かめたいってわけ？　私だって毎日料理するのはうんざりよ。もしも毎日するなら、の話だけど。有名なシェフは、エレーヌ・ダローズみたいな例外を除けば、みんな男でしょ？　その一方で、家庭内で料理を担当しているのは、圧倒的に女性。おかしいと思わない？　男女平等がもうすでに実現されたも同然のように言う人も多い。あとはもう、目の前の残り物をやっつければ片が付くかのようにね。でも本当はいまだって凝り固まった考え方や差別はしっかり根を張ったままなんだよ。性差別は日常的な事柄にもべったり貼り付いているし、家父長制は世界中でしつこく猛威を振るっているしね」

――家父長制って正確に言うと何？

「男性が女性を抑圧する仕組みのこと。歴史的には家族の頂点にいる父親の権力に基づく仕組み。家父長制をフランス語でパトリアルカと言うけど、これもギリシア語で父親を意味するパテールと、統治者を示すアルケースという言葉がくっついてできている。でも現代では、必ずしも父親だけでなく、社会のなかで男性が権力を握って、女性を支配している体制という意味で使われる場合もあるのよ」

――マッチョな人というのは、女性を心理的に支配したり肉体的に支配したりする人で、暴力を当たり前だと思っている人ということかな……。

「何よりもまず、自分は女を従わせるんだと公言してはばからない人、それから性差別的な言動を異常なほど繰り返す人のこと。最初は言葉とか、心理的なレベルから。たとえば「オレが一番強い」とか「オレは一番でかい車を持ってる」といった調子で、自分が優位に立っていると主張するようなありとあらゆるフレーズね。それから女性を性の対象としてしか見ないような言葉を繰り返し吐く。日常的に、女性を私的な空間のなかの特定の役割に追いやろうとする。そしていずれは実際の行為に移る。肉体的に攻撃したり、たとえば雇い主が女性従業員に対して具体的な差別行為に及ぶという形で現われるわけ。最後は裁判沙汰……。マッチョっていうのは、何かの考えがあってそれを表現した結果としての行動というよりも、むしろそういう考え方を推進する原動力のようなものね」

――マッチョ男っていうと、ちょっと筋肉バカみたいな感じがするけど？

「たしかにマッチョといえば筋肉バカ、筋肉バカといえばマッチョというふうに言われることはよくあるよね。私自身は「筋肉バカ」って言葉が何を指しているのかよくは知らないけど……でも筋肉バカじゃなければマッチョじゃないなんてことは絶対にないってことは知ってる。マッチョと筋肉バカが一緒くたにされるのは、一つには階級蔑視が根深くあって、悪いことを庶民階級に押し付けるということもあるだろうし、同時に男性支配がどういうものか、その本質を見誤っている証しでもあると思う。公平に言えば、たとえば女性が高学歴で教養があるほど、家事の負担時間を配偶者に掛けあって減らすことができるのは確かよ。その一方で下町に住んでいて、社会から除け者にされていると感じているような若者は、マッチョな言動に身を任せてしまいがちというのもまた確か。社会からは締め出されていても、女性に対する優越感を表現することによって自分の価値を高めることができて、自己愛を取り戻せるからね。でも紋切り型の表現や短絡的な思考には注意しないといけないよ。性差別はイスラム教徒でアラブ人の若者だけだと思ったら大間違いだから。それなのにマスコミときたら、マッチョといえば郊外の団地に注目を集めようとする傾向があるんだよね。まるで他の場所からはマッチョが消滅したかのようにね」

――つまりマッチョと関係のない階級はないと言いたいの？

「そのとおり。企業のお偉方だって金髪女性についての冗談ばかり言っている人もいるし、女性秘書に対する嫌がらせをやめない経営者もいる。女性嫌悪《ミソジニー》をあからさまな態度で示す大学教授や、女性患者に性的虐待を加える医者とかもいる。悲しいのは、そういったことが日常茶飯事だってこと。

社会的地位も高く、教養にもあふれている男性が、日常的にマッチョな言動を繰り返しているって実例は腐るほどあるわ」

——女性が男性による支配を受け入れているのはどう説明するの？

「それは多くの人が口には出さないかも知れないけれど疑問に思っていることだね。あなたが使った「受け入れている」っていう言葉だけど、それおもしろいね。女性たちは「受け入れている」というより「耐え忍んでいる」んだと私は思うけど。いずれにしてもそれは、いまある仕組みにうまくはまり込むことで自分の価値を高めようとしているんだと思うし、被害者として生きていくのは嫌だから不平等があることを認めないんだと思う。ＤＶの場合は「どうして家から逃げないんだ」なんて、被害者が責められることもよくあるしね。家を出るのはいつでも簡単なことのはずだと言わんばかりに。あるいは心理的に支配するのが支配の最初の手段だってことを知らないかのように。もっと言えば、まるで誰でも指をパチッと鳴らしさえすれば、家父長制の歴史の重みから逃れることができるみたいにね」

――でもなかには女性のほうが強いカップルもいるよね？　そういう場合は「マッチョ女」って言うの？

「支配／被支配関係が逆転することはあり得るよ。だって誰もがそれぞれ独自の人格を持っているんだから。人格というのはいろんな影響がぶつかりあって形成されるものだから、社会的影響がすべて人間関係にそのまま現われるわけでもないし。それに例外というものが存在する以上、法則があるってことにもなるしね。よく言われることだけど、もしも男女間の不平等が遺伝子によって決められているというのが本当なら、そういう関係の逆転はあり得ないことになる。じゃあやっぱり「マッチョ女」なのかというと、そうは言えない。なぜなら例外的に女性のほうが強いカップルがいたとしても、その場合の女性の振舞いは、男女間の社会的な関係という枠組みとは無縁だからよ」

――てことは女性がマッチョになるってことはあり得ないってこと？

「マッチョという言葉がある種のイデオロギーの信奉者を意味するとしても、つまり理屈の上ではマッチョの女性がいてもおかしくないとしても、ふつうこの言葉は、男性のある種の言動を指して使うんだよね。なぜかと言えば、女性はマッチョの被害者ではあっても受益者ではないからよ。だって自分が劣っていると主張したがる女性なんて、ちょっと想像しにくいじゃない？ただしそうは言っても、親切で強くて支配者的な男の子を求めるのは女の子の方で、お姫様になることを夢見たり、大きくなったらエンジニアになるよりずっと看護師になりたいと思う女の子が多いのは確かだし、そういったあこがれが、女性の解放や女性の自由といったようなことにどういう影響を及ぼしているかは、考えないのよね。なじみ深くて、だから安心もできる図式に沿ったあこがれしか抱けないというわけ」

――でも小さな女の子は人形やおままごとセットで規範が押し付けられるわ

けでしょう？　そんな規範とどうやって闘ったらいいの？

「そりゃ簡単じゃないわよ。とにかくすぐにでも、性差別的な規範を根本から問い直すことを各自の目標としなきゃいけない。平等というのは、放っておけば自然にそうなるなんてものじゃないのよ。各人が自覚すること、個人としても集団としても行動を起こすこと、公権力が実効ある措置を講ずることと、社会が活発に働きかけること。それがなければ何も動かない。それどころか状況は悪化する可能性だってある。規範はとても早い時期に、子どもがまだほんの幼い時期に、植え付けられる。「女の子はピンク男の子はブルー、間違えないように」なんて、産院でもう注意されるからね。それからあとは両親や周りの人たちが、男の子はこういうふう、女の子はこういうふうにするのが大切だと、言動を特定の方向に向かわせようとしがちよね」

――たとえば？

「女の子には優しさ、直観、献身。男の子には力、理性、勇気。そして役割の逆転には気をつけろと言われる。サッカーよりダンスが好きな男の子、力より優しさのほうが大事だと思う男の子、ネクタイよりイヤリングが好きな男の子はしばしばバカにされる。男の子の真似ばかりしたがる女の子も同じ。子どもたちはそうやってだんだんと、それぞれの性別にふさわしいアイデンティティの型に自分をはめることを学んでいく。大ざっぱに言えば何もかもが、子どもたちにそうするように促していると言える。たとえば両親もその見本だし、おもちゃや本、漫画、アニメ、広告、みんなそう。大人になって、もうすでに男女別々の社会的役割を十分に担えるようになっても、まだまだ性差別的なメッセージに浸され続ける。実際、支配関係を個々の内面に取り込んでしまう内面化現象は、社会学者のピエール・ブルデューが言ったように、全速力で進行する。女の子も男の子も非常に早い段階から、それぞれ女性の、あるいは男性の役割に順応するようプログラムされている。最初はもちろん家庭内で。パパがいつもお客様扱いで給仕してもらって、ママはいつも料理をしたり皿洗いをしたりするのを見ていたら、そういう両親像を再生産するようになるのもわかるでしょ?」

――まあね。

「この悪循環に抗おうと思ったら、たいへんな闘いになる。どんなに些細な点も見過ごしにはできなくなる。だって日々あらゆることが、性別に忠実であれと私たちに教え込もうとしてくるんだからね。女の子にはお鍋セットやバービー人形、男の子には日曜大工セットにスパイダーマンのコスチューム。そんなものだって影響を与えないわけないいんだから……。子ども用の辞書のありふれた言葉の定義ですら規範を思い出させるように書かれていることを見ると、誰もそれから逃れることなんかできないんじゃないかと思ってしまう。たとえば「風呂」という言葉の使い方として、「太陽の風呂に入る」といえば「日光浴をする」、「群集の風呂に入る」といえば「人びとと(握手などをして)触れ合う」という意味だけど、この二一世紀になっても、日光浴をするのは女性の「ジャンヌ」、人びとと握手するのは男性の「大統領」という例文になっている。何をか言わんやでしょ？　そんなふうに男も女も結局押し付けられた規範に閉じ込められてしまうのよ」

——でも学校だって果たすべき役割があるんじゃない？

「そう、公立学校は率先して果たすべき役割があるのよ。広い意味での教育の場、つまり数学の授業からスポーツの時間、林間学校や臨海学校まで含めてすべてがこの問題に関係があると考えるべき。公権力が介入しているところ、あるいはその余地のあるすべての領域において、公権力はステレオタイプとの闘いに積極的に関わるべきだし、まして公権力自身が性差別的な規範を再生産しないように、しっかり自覚すべきだと思う。教師や学校の世話係などは、男女共学体制をどうやって運営したらよいか訓練されていないから、ステレオタイプを伝達する役を担ってしまうことがよくあるんだけど、多くの場合、自分がそうしているのがわかっていないし、もちろんそうしたいとも思っていないのよ。そういうステレオタイプは教科書にだって、子ども向けの本にだって入り込んでいる。女の子と男の子を一緒のクラスに入れれば、自然と平等な関係が生じるんじゃないかと、長いあいだ考えられてきた。でもじきに、ぜんぜんそんなんじゃないってことがわかった。ある部分では、むしろその正反対。男女共学はよく検討して慎重に扱わないと、むしろ性差別的な言動を煽《あお》ることになりかねないのよ」

——男女別々の学校の方がいいと思っているの？

「いいえ、ぜったいにそうは思わない。逆戻りなんてもってのほか。男女共学は一つの進歩、男女平等を達成するために欠かすことのできない一つのステップなのよ。男女別に戻るんじゃなくて、男女共学をどうやって運営したらいいか、研究したり、反省したり、行動に移すことが教師陣の、いいえ教育界全体の責任なのよ。「正しい態度」に導くようなものであるなら、省庁による教科書内容の検定も歓迎すべきだし、性差別がないような教材開発をするのもいいことだと思う」

――学校で男子よりもいい成績を取る女子が、進路指導を受けたあと「栄光への道」を進むことをやめてしまうことについてどう考える？

「確かに女子の方が男子より成績がいいんだよね。でも女子に対する進路指導と、男子に対する進路指導とでは、最大限控えめに言っても、少なくとも違いはある。男子にはこれこれの課程（たとえば科学や技術）、女子にはこれこれの課程（たとえば文学や保健衛生、社会福祉）といった具合に、奨める進路に差があるし、そのために職業選択の可能性にも大きな違いが生じてくるわけ。選択の幅がより狭く、報酬もより少ないのがつねに女子。そのうえ男子はそのあと出世への道を目指すのも、女子より簡単ときている。一方女子は、自分は家庭生活に専念することを最優先すべきだと考えて、自分で自分の進路を制限する傾向がある。問題なのは進路指導だけじゃない。性差別は、就職したあとも存在する。学歴が同じでも男性は女性より責任ある地位を獲得するのが簡単だし、出世の階段を昇っていくのも女性より早い。しかも女性には、子どもを産む時期、あるいは子どもを産みたがっているのではないかと他人から思われる時期に、あの「ガラスの天井」と呼ばれるものが存在するからなおさらよ。その時期になると女性は昇進のペースがすっかり停滞するのを経験する。その一方で、同僚の男性はさっさと出世していくのよ。それが起こるのがだいたい三〇歳前後。女性があらゆる方面を「死守する」ためにがんばらなきゃいけない時期よ。とくに家事や子育て。子どもができればやるべきことがさらに増えるわけだけど、真っ先に担当させられるのはいつだって女性なの」

――規範と闘うには、母親にも決定的な役割があるんじゃない？

「男がマッチョだったらその母親のせいだって言いたいの？　ちょっと待ってよ。確かに子どもと一緒に一番多くの時間を過ごすのは母親よ。だから教育上重要な役割を担っているし、押し付けられる規範の裏をかくのを手伝えるかもしれない。でも父親は子どもと一緒にいないことによって、また父親自身の態度によって、少なくとも母親と同じくらいは男性支配の強化の原因になっている。もしも父親が習慣を改めるなら、両親像はひっくり返るだろうにね。それに、子どもの教育の責任は両親ばかりが担っていると考えたらだめよ。子どもたちは壺《つぼ》のなかでパパとママだけと一緒に生きているわけじゃないからね。テレビで見たもの、学校で習ったもの、ほかの大人や子どもとの出会いから得たもの、ゲームや本によって教えられたもの……。そういうものによっても子どもは変化していくんだから。フェミニストはとくに一九七〇年代、女の子にオモチャの武器、男の子に人形を与えて、要するにそれまでとは根本的に違う規範を押し付けてみようとしたことがあるの。でも成果は明らかに限られていたし、逆効果になったことも多かった。それによってどんな葛藤《かっとう》が生じ得るか、つまり自分は友だちとあまりに違っていると感じた子どもたちが、どれほどの混乱や苦しみを味わうか語っているフェミニストもなかにはいる。私自身が確信しているのは、一番大事なのは性差別的な行動をする人の意識がどんなものなのか子どもたちに伝えて、説明して、性差別に乗っからない方がどれほどためになるか理解してもらうことだと思ってる。いずれにしろ子どもの教育という課題に取り組む責任を、ママだけに押し付けてはだめよ。母親も父親も、子どもをできるだけ性差別的でない環境で育てなければいけない。マッチョが悪いということ、そして何がその原動力になっているかということ、またマッチョから解放されたらどんなにいいか、何が得られるか、そういったことを子どもが自分で理解できるように導いてあげる責任は、母親にも父親にもどちらにもあるのよ」

——服装のことなんだけど、わざとTバックが見えるようにはいている女の子がいるでしょ。あれって自由の印なのかな？　それともフェミニストの印？ぼくはむしろ下品だと思うんだけど……。

「あれを見てフェミニズムの表現かもしれないって思うところがおもしろい

ね。だってフェミニストはどちらかというと禁欲的だって非難されるのがふつうだからねぇ。もっともその非難はたいていの場合、当たってないけど。あなたの質問は確かに奥が深いわ。実際問題として私自身は、他の誰から何と言われようと、女性が自分の望むような服装をする自由を擁護しなくちゃいけないと思ってる。下品と思うかどうかは、当たり前だけど人それぞれだよね。つまりあなたはTバックをわざと見えるようにはくのが下品だと思うけど、私はそうは思わない。私は逆に、そういう服装をしている女の子が通りかかったときに卑猥《ひわい》な冗談をつい口にしてしまう男性のほうが下品だと思う。女性が自分にとっていいと思う服を着る自由を、掛け声だけのただの原則に終わらせないためには、男性が、いわゆるセクシーな服装を性的な挑発だと解釈しないことが必要だと思う。そういうふうに解釈するから男性はセクシーな服装の女性を侮辱したり攻撃したりしても許されると考えるわけでしょ」

——ぼくはセクシーな服装をしている女性がただただ自分のためだけにそうしているとは思えないな。そういう女性は男性を喜ばせたいとか、男性の欲望の対象になりたいと思っているんじゃないかな。それこそまさにCMが伝えているメッセージそのままなんだけど……。

「誰かを喜ばせたいとか、誰かの欲望の対象になりたいと思うこと自体が問題なわけではないでしょう。そう思うこともあるし、それが人生ってもんだし、人生の喜びの一つでしょ。問題なのはCMが、女性の身体や性を消費の対象にすり替えてしまうことの方よ。「セクシー」であるためには厳格な基準を満たしていないといけない。その基準に自分を合わせようとして、気が狂ったようになっている女性がおおぜいいるの。私たちは好みまで流行によって決められてしまう。つまり決まり切ったイメージが、広告戦略によって個人の好みであるかのように思い込まされてしまうということなのよ。ハイヒールの時代だとなれば、私たちは足が痛くてもそれを履く。巨乳が評判がいいとなれば、貧乳の女の子はコンプレックスを抱いて、嵩増《かさま》しパッドの入ったブラに飛びつく。スリムが流行《はやり》となれば、私たちはこぞってダイエットにいそしむ。食べるという魅力あふれる行為を自分に禁じ、拒食症に陥る危険を冒してまでね。結局何がうさん臭くて腹が立つかというと、欲望に関して大勢《たいせい》に従うことを求められること、美しさの規範を押し付けられることなのよ。どうして女性の健康と快適を、勝手に決められた女らしさという祭壇に、いつもいつも捧《ささ》げなくっちゃならないの？　ドイツの有名なフェミニストが以前私にこう言ったときには笑っちゃった。「女性がどれぐらい抑圧されているか知るには、その人のヒールの高さを測ればいいのよ」ってね。まったくそのとおりよ。要するに、どうして男性はあの最悪の履き心地の靴を履かないでいいことになっているわけ？」

——でも、はっきりいって、ぼくがハイヒールを履くと思う？

「いいんじゃないの？　あまり見慣れてないからきっと変だと思うだろうけ

どね。でももしもピンヒールを履いている男性が本当にいたら、すぐ同性愛者だと非難される。だって男らしさの規範に背くことになるからね。ゲイと見なされるということは、いまでもまだ見下されることを意味してる。つまり侮辱されることに等しい。同性愛嫌悪《ホモフォビア》っていうのはしぶといのよ。でも今日、笑いや拒絶反応を誘うからといって、それが永遠にそうだとは限らないからね。いま私は一六七三年にまでさかのぼるフランソワ・プーラン・ド・ラ・バールの『両性平等論*』という本のことを思い出しているんだけど、この人は正真正銘の先駆者で、男女の違いは自然なものではなく教育に由来すると主張した。彼のこの説は、三世紀前の当時は禁じられたのよ。彼は女性が劣っているという説にお墨付きを与えていた科学を非難して、先入観を断ち切ろうと呼びかけたの。読んでみるから聞いて。私たちがいま話していることをうまく言い表わしている箇所があるから。「女が教授の肩書きを付けて講壇から雄弁術や医学の講義をしたり、治安維持のために警視や巡査を引き従え

『両性平等論』 フランソワ・プーラン・ド・ラ・バール著、古茂田宏ほか訳、法政大学出版局、一九九七。

てあちこちの通りをのし歩いたり、弁護士として判事の前で演説をぶったり、高等法院の長として裁判を執り行なうために法廷の首座に就いたり、軍隊を指揮して一戦を交えたり、首席大使として共和国のお歴々や国王たちと差し向かいで話したりするのを見るはめになるとすれば、それは滑稽《こっけい》なことであろう、と彼ら〔男たち〕は考える。確かにこういうところへの女の登用がわれわれを驚かすだろうということを私は認める。しかしそれは、単にそれが目新しいという理由からだけなのである」。わかった？　女性が判決を下したり法律を作ったりすることが一七世紀には馬鹿げた話だったわけだけど、いまではふつうでしょう？　だから明日のことを考えるためには、フランソワ・プーラン・ド・ラ・バールのように想像力を持たなきゃいけないのよ。たとえばいまは、ある種の肩書きや職業を表わす名詞を女性形に*して使うと気持ち悪がったりする人がいるでしょ？」

――確かに。ちょっと変な感じがするんだよね。

名詞を女性形に
フランス語の名詞は文法上の性として必ず男性・女性のどちらかに分類される（中性はない）。名

「そういうふうに言う人は多いよ。医者、作家、消防士といった言葉は男性形が普通、あるいは逆に助産婦、速記者、家政婦といった言葉は女性形が普通だから、逆の性に変化させると耳障りに聞こえる。でもそれこそまさに核心に触れる問題なんだよね。新語を創り出して積極的に使うということは重要な課題なの。いまでも女性形は軽蔑的な感じがする。たとえば同じ「ポリティーク」という単語も、政治にかかわる諸問題というニュアンスの男性形と、政治的駆け引きというニュアンスの女性形では、男性形の方が品位が高いように思うでしょ？　それで女性のなかには自分の職業を表わす名詞を女性形にして使うことを嫌がる人がいるの。自分自身を貶《おとし》めることになりかねないからって。だから「〜長」という役職で呼びかけられるときも、威厳や権威がなくなっちゃうように感じるらしく、女性形ではなくて男性形で呼ばせるんだって。官僚の要職は女性形にすると言いにくい感じがする一方で、「結婚相談員」は女性形が普通なんだよね。同じように、企業のトップは男性形

詞の多くは性が不変だが、なかには「自然の」性に合わせて性を変化させるものがあり、その場合男性形の末尾にeを付けて女性形を作るのが基本。たとえば「友だちami」という名詞は女の友だちをいうときには女性形amieに変化する。ここでは元々女性形に変化させて用いる習慣のなかった名詞を女性形にするときの違和感を言っている。

が普通だけど、学校の校長は女性形もよくある。つまりこうした言葉は、男性女性それぞれに割当てられた社会的役割を表わしているわけ。そういうのはいっぱいある。また男の子の場合は「息子」と「少年」と別々の単語があるけど、女の子の場合は「娘」と「少女」の二つの意味を持つ単語が一つあるだけだよね」

――姉さんがパリ市の市長補佐官だったときは、自分のことを呼ばせるときに女性形にさせてたよね？

「ええ。補佐官でも市長でも大臣でも、自分のことを女性形で呼ばれたがらない女性がいて、わざわざ男性形で呼ばせるというのは知ってたんだけど、私はそれは馬鹿げているとは言わないまでも、奇妙だと思うんだよね。女性でありながら、呼ばれるときは男性形の方がいいなんて。これと同じように、「同性愛者」という男性形も女性形も同じ発音の名称があるのに、「レズビアン」とわざわざ特定する呼び方を好まない人もいる。でもレズビアンの運動は、その呼称にこだわっている。なぜなら女性同性愛は、それまで歴史的に「同性愛者」という言葉の影に隠されて、存在を否定されてきたわけだけど、「レズビアン」という呼称を使うことによって、それを目に見える存在にすることができるからなのよ。「レズビアン」という言葉はエーゲ海にあるギリシア領のレスボス島からきているの。その島には昔、女性を愛したサッフォーという女性詩人が住んでたのよ。こう考えるとレズビアン嫌悪《レズボフォビア》という言葉はレズビアンが受けている二重の差別を指していることになる。一つはもちろん同性愛嫌悪《ホモフォビア》だけど、もう一つは性差別もあるのよ」

――ゲイやレズビアンのカップルにもマッチョと同じような言動が見られるの?

「その質問はよくされるんだけど、同性カップルがカミングアウトするようになったのはつい最近のことで、その質問に答えるためには十分なほど時が経っていないし、調査もされていない。でもゲイやレズビアンのカップルでも、男性／女性の規範が再生産されることはよくあるらしいのよ。ただし「よくある」というのは「いつも」とは違うからね。だけど本当を言うと、それは少しも驚くことじゃない。だって私たちは、女も男もみんな祖先の社会的文化的な実践から条件づけられているんだから。その結果ゲイやレズビアンのカップルだって、誰もがよく知っているものを再生産することになる。つまり異性愛中心でかつ性差別的な規範よ。これはいまは「異性愛主義《ヘテロセクシズム》」と名付けられている。わかりやすく言えば、女性どうしのカップルでも、男性どうしのカップルでも、男女の二人組を演じてしまう傾向があるということよ。それとは違うふうに二人で生きる生き方を編み出すのは簡単なことじゃないわ。そうではあるけど、同性のカップルは異性のカップルよりも伝統から逃れる条件には恵まれているはず。だから同性カップルは、いつか新しい道しるべを立てて、私たちの力になってくれると断言することができるわ。結局乗りこえなきゃいけないのは、伝統的にカップルの関係を決定づけてきた支配者／被支配者という関係性なのよ。そこから完全に脱却するということはユートピア、つまりけっして到達できない理想なのかもしれない。でもユートピアに関する私の意見は知ってるでしょ？　ユートピアがなければ社会の刷新も人間の解放もないということよ。ユートピアがあるからこそ、いまこの現実を越えたものについて考えることができるんだし、いまの社会とは別なふうに機能する社会をつくることに専念することもできる。つまり私は世界を変えるためにユートピアは不可欠だと思っているの」

——わかったよ。でもちょっとだけ現実に戻ろう。話は飛ぶんだけど、さっきの拒食症のことで、いまになってふと思いついたんだよね。どうして拒食症や過食症になるのは女性ばっかりなんだろう？

「その質問は答えるのが難しいのよ。医者、精神科医、心理学者、社会学者のあいだで意見が一致していないし。過食症と拒食症は一つの病気の二つの面で、この病気にかかる圧倒的大多数が確かに女性なんだけど、男性のなかにも患者はいるのよ。私にはうまく解説できないけど、この問題に関する精神医学の理論を知っておくことは必要だと思う。この病気の治療には、それが基礎になるはずだから。それによると患者個人とその家族の来歴が、拒食症／過食症が進んでいく土壌になるそうよ。でもこの病気にかかる圧倒的大多数が女性だとすれば、CMや女性誌がスリムな女性という規範を延々と持ち上げ続けていることに、まったく弊害がないと言えないのは確かでしょ？人が自分の身体に対してどう考えるかは、どちらの性に属しているかによって文化的に同じじゃないのよ。女性はセクシーであることや、時代時代の美の規範に合わせることを、男性に比べるとより強く求められる。一方男性は、知的な能力が優れていれば少しくらい見た目が悪くても、いつも大目に見てもらえる。最近モデルの女性たちが、タブーを破って声を挙げて、スリムでなきゃいけないとされるせいで拒食症になっている実態を暴露したでしょ。糸みたいにスリムになることを求めるのは、ただただ危険なだけ。それは職業上の義務として課されているある種のモデルたちだけじゃなく、世間に流布するさまざまなイメージによってその気にさせられる私たち女性全員にとっても危険なのよ」

――女性の地位が低いということについては……。

「いま「女性」を単数形で言ったけど、「女性たち」って複数形で言った方が正しいんじゃない？　単数形だと女性たちの多様性が切り捨てられて、自然の一つの状態、いわゆる女性の本質とされる一つの性質に抽象化されてしまうでしょ。たとえばあなたはイギリス人一般について、あるいはアフリカ人一般について言うとき、単数形ではなくて複数形で言うでしょう。だから女性たちも、アフリカという一つの大陸に住んでいるアフリカ人たちみたいに、女性という一つの大陸に住んでいる女性たちというふうに考えたらいいんじゃない？　フロイトは女性のことを不可解という意味で「暗黒大陸」と呼んだけどね……」

――了解。言い直すよ。女性たちの地位が低いということについては、イスラム教とかカトリックとかの宗教によって制度化された部分もあるんじゃない？

「いまの質問の語順にも、深い意味が含まれているんだよ。あなたは男性支配の構築には宗教が関わっているのではないかと問題提起した。それで宗教の例として最初にイスラム教を挙げたでしょ。歴史的な順序から言えばユダヤ教、キリスト教、イスラム教だけど、あなたはその順番には従わなかった。どのくらい意識しているかはわからないけど、あなたはフランスで広く流布している立場を表わしているのよ。つまりイスラム原理主義*が世界中で勢力を伸ばしているとして、とりわけイスラム教を問題視する立場。まあそれはそうとして、一般的に言って宗教は、社会の進歩ということに関しては原動力になったためしはないわ。しかも神は女性じゃない。聖書もコーランもフェミニズムに基づいて書かれているわけじゃない。キリスト教徒だった

イスラム原理主義
本来はシャリーア（イスラム法）の厳格な実践を求めるイスラム復興運動のことだが、多くの場合西洋、とくにアメリカ側から貼られたレッテルで、テロも辞さない狂信的な政治的信仰集団というニュアンスを込めて用いられる。

ら、たとえばアダムのあばら骨の話――女性は男性の身体の一部分から創られたという話――や、アダムの原罪の話――イブがアダムにリンゴを食べさせたという話――は、性差別に満ちた想像世界を西洋人が共有するという結果をもたらした。参照される文章はとても古いものだし、当時の社会秩序を反映したものだけど、宗教的原理主義者はそれを文字どおりに解釈して、社会の進歩を阻んでいる。だから避妊や妊娠中絶やコンドームの着用などが、宗教に基づく反対運動にぶつかることになる。フランスではその手の反対運動の代表者たちが、ときどき妊娠中絶を行なっている病院の前に集まって、中絶手術を受けにきた女性たちを妨害することがある。いわゆるネエルツ法*が、まさにそういった集会を禁じているのにね。そういった活動をしているのは、イスラム教徒よりむしろカトリックの信者の方が多いんだよ」

――ぼくが真っ先にイスラム教と言ったのは、ヴェールで髪を覆っている女性や、ときには全身をすっぽり覆い隠している女性を見たりすると、首に十

ネエルツ法
ヴェロニク・ネエルツという議員が提唱して制定された、人工妊娠中絶を妨害することを禁じた一九九三年一月二七日法。

字架のネックレスを掛けているキリスト教徒の女性よりも、イスラム教徒の女性の方が自由が制限されているんじゃないかと思ったからなんだよ。

「あなたがヴェールの着用について考えたというのはよくわかるわ。イスラム原理主義の信奉者は、ヴェールの着用をムスリム女性の義務だと主張している。でもそれとは違う流れとして、ヴェールによってイスラム教徒であることを示さなくてもいいではないかと主張する人たちもいる。それがコーランやシャリーア［イスラム法］の進歩的な解釈に合致していると考えているの。私のさっきの答えも、宗教的な文書は書かれた時代を考慮して距離を置いて考えれば、別の解釈が可能になるというつもりで言ったの。女性にヴェール着用を義務付けるという考えには、私は耐えられない。なぜならそれは、男性への服従の象徴だから。ヴェールを着用することによって男性支配が維持されていくことに反対して闘っている女性が世界中に大勢いるわ。でもヴェールを着用している人のなかには、それによって攻撃や批判にさらされることなく静かに道を歩くことができると考えている女性もいるの。つまり、ヴェールを身につけているから世の中に出ていけると。それが解放には不可欠の道だってね。フランスでは、学校でヴェールの着用を認めるか否かが厄介な問題になっていたよね。なぜ厄介だったかというと、どちらを選択してもよくない結果を招きそうだったから。もしも着用を認めれば、公立校の政教分離原則に抵触する恐れがあったし、教育制度が性差別的な現実に加担することになる可能性もあった。でもその一方で、もしもヴェールを身に着ける女の子たちを学校から排除すれば、その子たちにとって重大な影響を与えるに違いないし、ひょっとしたらもっと広範囲な排除を招く恐れや、その子たちを宗教的原理主義に走らせる恐れもある。本当は宗教的原理主義こそ闘うべき相手なのにね。だからこそ、「公立学校からヴェールを着用する女生徒を排除すべきか」という問題は、公に活発に議論されたわけ。つまりほら、自由や男女平等といった同じ価値を実現させるのでも、そこに到達するには幾通りもの道があり得るし、複雑に絡み合ったさまざまな選択肢から、決断しなければならないこともときにはあるのよ。いいえときにはじゃなくて、ほとんどいつもかな」

第二章　歴史を少しばかり

――男女の身分の平等化に役立った大きな出来事にはどんなものがある？

「何しろつい最近まで、女性にはズボンをはく権利すらなかったんだからねぇ。これ本当なんだよ。たかだか一世紀くらいしか経っていないんだから。その頃の女性たちは法的には未成年者と見なされていた。でも歴史をそれ以上さかのぼって細かく話すのはやめよう。何しろ中世には、女性には魂があるかなんて議論をしていたんだから。どれだけ時間をさかのぼっても、どれだけ広く世界中を見渡しても、抑圧されているのが女性だってことだけはけっして変わらない。その形態や程度はさまざまだけどね。人類の歴史という尺度から考えても、二〇世紀は正真正銘の革命の時代だった。大げさじゃなくて、言葉を選んで慎重に言うとしてもそう言える。一方の性によるもう一方の性の支配が二〇〇〇年も続いたあと、突然歴史が平等に向かって歩み始めたみたいに、二〇世紀という時代は突破口を開いた。学校でこの問題についいて少しは習ったんじゃない？」

――今年はちょうど最終学年で、男女間の不平等の歴史をいっぱい習ったよ。投票する権利とか、銀行口座を開く権利といった基本的なことが、本当に改善されたのは戦後になってからだったと知って驚いたよ。

「本当にそうなのよ。いまじゃ信じられないけどね。この激変は一つの政治的な流れの一環として起こったの。一八世紀の終わりから二〇世紀まで続くいくつかの革命と、西洋的民主主義の飛躍的発展という流れ。一九世紀のあいだずっと、女性の身分向上を目指すクラブや新聞が増えていった。フランスでは確かに一九四四年になるまで女性に投票権が認められていなかった。女性が初めて投票に行ったのは一九四五年のことよ。そのあと、一九六五年の法律によって、女性が銀行口座を開くことや、夫や父親の許しを得なくても働くことが、やっと認められた。個人としての男女平等も、公民としての男女平等も、やっとこれで軌道に乗った。女性投票権は天からひとりでに降ってきたわけじゃない。数多くの議論があり、人びとが結集した成果なの。そうした議論は啓蒙《けいもう》思想*の時代に始まって、革命期に花開いた。オランプ・ド・グージュがまだ生きていた時代ね」

――それ誰？　オランプ・ド・グージュって聞いたことがないけど。

「本当？　いやそれは、びっくり！　オランプ・ド・グージュは本当の意味での先駆者で、一七九一年の「女性および女性市民の権利宣言」の著者だよ。フランス革命は男性普通選挙に重きを置いていた。市民どうしの平等は共和国の基礎として最も重要視された主張だったけど、それはあくまでも男性市民どうしの平等。当時の革命家で唯一コンドルセだけが女性を排除することに反対して闘った。こうしたことを背景に、オランプ・ド・グージュは

啓蒙思想
一七世紀イギリスに起こり一八世紀西欧思想の主流となった革新的思想で、合理主義・批判精神に基づき旧来の、とくに教会の権威に対抗して人間尊重を唱えた。フランスでは一八世紀に最盛期を迎え、この世紀末のフランス革命の下地をつくった。このあと登場するコンドルセも啓蒙思想家の一人とされる。

男女平等の理想を熱心に唱えたの。彼女の『宣言』*の第一〇条はいまでも有名なのよ。「女性は処刑台にのぼる権利をもつ。同時に、女性は演壇にのぼる権利をもたなければならない」。悲しいことに彼女は、運命の皮肉なのか一七九三年に革命政府の恐怖政治によって、本当に処刑台で処刑された。あなたが彼女のことを知らないのは、学校の教科書や公式の歴史で、いかに女性が存在しなかったことになっているかを表わしているね。私たちはパンテオンに女性たちを、なかでもオランプ・ド・グージュを埋葬するよう大勢で要請しているの。だってパンテオンに埋葬されている女性はたった二人しかいないんだから。一人はマリー・キュリー、もう一人はソフィー・ベルトロだけど、この人は化学者のマルセラン・ベルトロの妻としていっしょに葬られている。パンテオンの入口の上の方には「この偉大なる男たち《オム》に祖国は感謝する」と刻まれているのよ。まるで歴史を作ったのは男だけしかいないみたいにね」

『宣言』
この宣言の邦訳は、以下に収録されている。オリヴィエ・ブラン『女の人権宣言――フランス革命とオランプ・ドゥ・グージュの生涯』辻村みよ子訳、岩波書店、一九九五。

――確かにフランス語の「オム」には「人間」と「男」の両方の意味があるけど、「オム」の最初のHが大文字で始まっているなら普遍的な方、人間の意味なんじゃない？　男も女も両方含まれてるんじゃないの？

「ああ、普遍ね……。でもその「オム」は男性形なんだよ。フランス語の名詞には中性はないからね。それどころかもっと悪いことに、文法的には男性形は女性形に対して常に優位を占めているじゃない？　たとえ男性の百倍の数の女性を挙げ連ねたとしても、一人でも男性がいれば「彼女たち」じゃなくて、「彼ら」と言わなきゃならない。まさに象徴的ね。いくら大文字で始まっていても、「オム」という単語がどうして男女両性を代表できるのか私にはわからない。むしろ男女両方の人間たちという意味だったら、「人間《ユマン》の」という形容詞を使って「人間《ユマン》という存在」って言おうよ。たとえば「人権」という言葉だって「オムの権利」という言い方をやめて「人間《ユマン》の権利」っていう言い方に替えることができるはずだよ」

――ともかく二〇世紀半ばになるまで女性に投票権がなかったっていうのは、まったくもって馬鹿げているよね。

「そうだよね。しかもそれが闘いの末に獲得されたものだったなんてね。サフラゲットたちに感謝してもいいかもしれないわね」

――サフラゲットって誰のこと？

「サフラゲットというのはいまではフェミニストのことを指してよく使われるんだけど、侮辱的な意味が込められていることもある。でも元々は女性参政権を獲得するために活発に闘った女性たちを指しているの。この運動は主にはイギリスで広がったの。彼女たちの行動はときどき暴力的になることがあって、発言するためにさまざまな集会に乱入した。ときにはそこに爆弾を仕掛けることもあったし、ハンガーストライキを決行することもあった。その結果、サフラゲットは人びとに強い印象を与えたの。でももっときちんと言うなら、ヨーロッパ中に本当の意味での飛躍をもたらしたのは、サフラゲットが採用した最も過激なやり方だけではなく、サフラジスムだったと言うべきね。サフラジスムというのは、女性の投票権のための世界的な運動のことよ。一九世紀のあいだ中、女性の政治参加をめぐる議論が盛んだったし、人も活発に参加した。でも女性の投票権獲得をはっきり最優先目標として掲げる団体が実際に増えてきたのは二〇世紀に入ってからで、それがサフラジスムの開花の印でもあったの。でも運動の内部では、戦術の選択、活動の方法、要求の形態などをめぐって論争が荒れ狂っていたし、訴える論理もいつも同じ調子とは限らなかった。ともかく当時は、自分は女性の権利を勝ち取ることを目指していると表明することすら本当に難しかったのよ。フランスでは、ユベルティーヌ・オクレールとマドレーヌ・ペルティエの二人が直接行動主義を象徴する存在だった。二人の名前を一度ぐらいは聞いたことがあるでしょう？　現在の私たちがあるのは、多くの面で彼女たちのおかげだわ。結局、サフラジストたちが協力して、運動は実を結んだのよ。ニュージーランドとスカンジナヴィア諸国の女性が最初の勝利者だった。そのあと一九一〇年から一九三〇年にかけて、世界中の三二カ国で選挙権の男女平等が採択された。ほら、だからフランスはけっして進んでいたわけではなかったのよ」

――ほかの出来事についてはどう?

「二〇世紀の男女関係の大転換で、女性参政権に匹敵するほどのものとしては、産児制限が挙げられるわ。男性には公的領域、女性には私的領域というふうに役目が割り振られるのは、時や所の違いによらず変わりがない。ところが女性参政権によって私たち女性は公的領域への第一歩を踏み出した。フランスでは一九六七年に避妊が、次いで一九七五年に人工妊娠中絶が自由化されたことによって、自身の身体を自由にすることができるようになった。これはつまり女性にとって、歴史的役割分担からの解放だった。子を産むこと、さらにはそれを理由に家に閉じ込められることという役割からのね。母になるかどうか選択すること、生殖と性を切り離すことができるようになったんだから、まさに革命だよね。一九六八年というのは本当に大したものよ」

――六八年の五月革命と関係があるの？

「正確には「六八年時代」とか「六八年期」と言うべきね。これは歴史家が言い出した表現で、六八年の五月革命を、もっと長期にわたる背景のなかに位置づけなおすことを狙っているの。つまり六八年の五月革命には、一九六〇年代に根づいて一九七〇年代の一〇年間まで継続する背景があるのだから、その期間を一望する視点を表わすような呼び方をしようということ。それはとても正当なことだと思う。だってこの期間全体に一貫した特徴があるからね。工場の占拠や学生運動、知識人の政治参加、芸術家たちのハプニングなどが同時進行で起きて、社会の隅々にまで運動が浸透していったという特徴。そして人びとが性の自由を要求したのもこの時代。その運動の方針を示すスローガンの一つが「束縛を棄てて楽しめ」だった。ＭＬＦ（女性解放運動）が中絶禁止に終止符を打つために闘っていたときの精神は、この五月革命の精神を受け継いだものだったのよ」

——ＭＬＦ（女性解放運動）って何？

「一九七〇年代に大きく広がっていった非公式のフェミニズム運動のことで、始まりは、自然発生的に組織化されていった女性たちのいくつかのグループだったのよ。この運動では男性を排除したの。なぜそんなことをしたかというと、女性たちがそれぞれの経験を仲間と共有しやすくして、そこから政治性を構築していくためだった。そのなかで自身の身体を自由にする権利は、ＭＬＦが最も重要なものとして掲げていた要求だった。だから中絶する権利を求める闘いは激しかったの。キャンペーンが次から次へと打たれた。一九七一年には、女優や女性知識人など多くの人びとが集まって「三四三人宣言」に署名したの。この宣言は、週刊諷刺《ふうし》新聞の「シャルリ・エブド」紙の第一面に掲載された文言から「三四三人の売女宣言」と呼ばれて有名になった。署名した女性たちはこの宣言のなかで、自身が妊娠中絶を経験したこと、つまり犯罪者であることを公にしたのよ。そうやって中絶の自由化を要求した。政府はかなり困った。何しろその女性たち全員を拘禁するわけにはいかないからね。フランソワーズ・サガン、シモーヌ・ド・ボーヴォワール、ジャンヌ・モロー、カトリーヌ・ドヌーヴといった面々が、そろって鉄格子の向こうに入れられているところなんて考えられないでしょう。この出来事が新聞の一面を飾ったということは、何よりも公衆衛生に関する問題を提起することになったの」

——どうして？

「秘密裏に行なわれる妊娠中絶はずっと前からあるんだけど、それが広まれば女性を危険に陥れることになる。それもかなり深刻な。だって自分で流産を引き起こそうとして編み針を使ったり、傘の骨を使ったりする女性がいるし、闇で堕胎を商売にしている女のもとに助けを求める女性もいる。その場合は妊娠を終わらせるために法外な料金をふっかけられて、おまけにひどい衛生状態のなかで施術を受けることもしばしばだった。死亡した女性は延べ一万人を数え、二度と子どもができなくなった女性も大勢いる。こういう状況を暴露するためにフェミニストは集会を開き、議論の先頭に立ったの。デモは黒山の人だかりと言えるほど盛り上がった。世の中全体を本当の無秩序が支配して、当局はもはや完全にその権威を失ったのよ」

——政府は譲歩をせざるを得なかったということ？

「まさしくそのとおり。一九七五年に政府は圧力に屈したの。ヴァレリー・ジスカール・デスタン大統領の下で保健相を務めていたシモーヌ・ヴェイユが提出した法案が、国民議会で可決された。このときは左翼の票が決め手になった。右翼は一人も賛成しなかった。審議は荒れに荒れて、言葉の暴力が女性一般に対して、それからヴェイユ大臣に対しても向けられた。議会のこの女性嫌悪《ミソジニー》に直面したときの、シモーヌ・ヴェイユの勇気はよく讃《たた》えられるけど、本質的な事実はあまり語られない。この法案が可決に至った原動力は、人びとがこの運動に結集したことにあるという事実のことよ。一九八〇年代に強姦《ごうかん》に関する法整備と、職業上の平等に関する法整備が進んだのも、同じように社会運動の賜物だったのよ」

——強姦に関する法律って、どういう内容なの？　強姦されたときに妊娠中絶する権利？

「全然違う。一九八〇年にこの法律ができる前は、強姦は重罪と見なされていなかったのよ。その理由は簡単。強姦の定義がなかったから。その結果、強姦事件の圧倒的大多数は傷害罪または公然猥褻《わいせつ》罪という軽罪と見なされて、重罪院でなく軽罪裁判所で裁かれていたのよ。それだから下される刑罰は、事の重大さから見ると馬鹿みたいに軽くて、一九八〇年の新しい法律では最長で一〇年の刑に処すと定められたんだけど、この法律ができる前の判決では刑が一〇年に達することなんて一件もなかったの。あれほど極端に暴力的で性差別的な行為なのに、それに対する社会の認知がいかに蝕《むしば》まれていたかを象徴する事実でしょ。強姦は男性による女性支配の究極の表われだとして、MLFは強姦をめぐる闘いに乗り出した。世論を喚起し、それまで口を閉ざしていた女性たちの声を解放し、法制度を進展させるためにデモを主宰し、活動家の集会を催し、「強姦に反対する一〇時間」という企画を提唱した。フェミニストたちは決意を新たに再び声を挙げ始めたの。弁護士のジゼール・アリミは一九七八年に、エクサンプロヴァンスで開かれた強姦事件の裁判で被害者の二人の女性を熱心に弁護し、世論にもたびたび訴えかけた。その結果、一九八〇年に強姦を初めて定義する法律ができた。それによると「いかなる性質のものであろうと、自分以外の人間に対して〈中略〉挿入する行為はすべて強姦である」。それ以来いろいろな判例によって、この定義に含まれ得る具体的行為の詳細が明らかにされてきた。たとえばフェラチオや、物を挿入した場合も含まれるとされたの。でも人びとの頭に電気ショックみたいな衝撃を与えたのは、法律上の勝利以上に、それまでタブーとされてほとんど誰も語らなかったか、あるいは逆に三面記事のネタでしかなかったこの問題が、公の場に引き出されたということなのよ」

――つまり強姦は法的な問題である以上に政治的な問題だと言いたいの？

「そう。支配／被支配という社会的な関係を背景に実行されるという意味でね。それなのに、問題は男性が性的衝動を抑制できないことだけだと考える人があまりにも多い。その上、売春を「必要悪」として擁護した上で、それによって強姦の件数を減らすことができると考えて済ますような人も山ほどいるんだよ。もしも強姦犯のなかに一度でも買春の経験がある者が一人でもいたら、それこそ売春では強姦を防ぐことができないことの完璧な証明だと言っているも同然なのにね。それに強姦は、被害者が自分のせいだと考える、たぶん唯一の犯罪なんじゃないかな。そんなふうに恥を覚えた犠牲者は、沈黙に閉じこもる。その結果、死に至ることもある。この沈黙を打ち破ることこそ、フェミニストたちが一九七〇年代に始めたことだった。強姦という問題を公の場、政治の場に引きずり出すことによってね。何しろ強姦は、男性中心主義の最も暴力的な形と言えるからね」

――二〇世紀に成立した法律で重要なものは他にある？

「フランスでは一九四六年、すでに男女平等の原則が憲法で謳《うた》われて、一九五八年の第五共和制憲法にも再び取り入れられた。国際的な規模では、さまざまな文書で女性の保護が規定されている。たとえばこれもやっぱり一九五八年にさかのぼる、雇用および職業についての差別に関するＩＬＯ（国際労働機関）第一一一号条約や、一九七九年の国連女性差別撤廃条約。欧州連合ももちろん引けを取らないわよ。欧州連合は一九九〇年代に、とくに男女間の機会平等促進に力を入れた。法制度によってこのように規定されたことには、象徴的には強力な価値がある。法的な参照基準は、不平等を告発し闘うための拠り所になるからね。たとえそうした条文の実際の履行状況が求められているレベルに達してはいないとしても。それにそもそも法がすべてではないけれどね。強姦のように非常に内密なこと、私生活に関わることが問題になっているときには、社会運動がどれほど盛り上がるかが決め手となる。異議申し立てが沸点に達するためには、知識人の生み出すものも役に立つ。私がいまとくに考えているのはシモーヌ・ド・ボーヴォワールの『第二の性』のことなの。この本は女性解放の歴史上、重要な一つの段階を代表していると思う」

――シモーヌ・ド・ボーヴォワールについてもうちょっと詳しく話してくれない？

「彼女は政治的態度を明確に表明した知識人だった。『第二の性』は、一九四九年の刊行当時、スキャンダルになった。第一巻は理論的な著述で、いまでも参照されるのよ。第二巻でボーヴォワールは、女性が自らに課されている条件をいかに習得していくか、幼少期から老年期にかけて何段階にも渡って描き出してみせた。そのとき彼女は月経と家事という点を強調して書いたんだけど、それは見事な論証よ。それがボーヴォワールの最初の著作ではないけど――それ以前にはとくに小説を何冊も書いていた――、『第二の性』は大好評だった。この本を読んで衝撃を受けた女性読者から送られてくる手紙が、信じられないほどの数に上ったことからも、その評判の大きさを推し量ることができた。女性たちの置かれている状況がかなり変わったいまでも、『第二の性』は多くの人にとって特別な作品であり続けている。シモーヌ・ド・ボーヴォワールがいまでも神話のように語られているのは、その文学的成功――『レ・マンダラン』でゴンクール賞を受賞した――以上に、彼女自身の生き方に理由がある。彼女はジャン＝ポール・サルトルのパートナーで、生涯を通じて彼とは深い愛情を分かち合い、また知的な面においては堅固な協力関係を維持した。でもだからといって他に恋愛関係がなかったわけではなく、そのなかには女性との関係も含まれていたのよ。アルジェリア戦争の時期にも彼女は積極的に政治に関わり、植民地政策に反対した。シモーヌ・ド・ボーヴォワールはいまでもなお、自由な女の具体的な一つの実例なんだよ」

——自分自身も自由な女だと思う?

「祖先の女性たちの目から見ればそうだろうね、ぜったい。私は幸運なことに、自由の余地を現に持つことができた。女性の解放はまだまだ蜃気楼《しんきろう》のままだけどね。自由だと感じるかどうかは集団によっても、個人によっても、当然のことながらそれぞれ違っている。ある人にとって自身の自由に対する重大な侵害と感じる体験が、他の人にとっては何も感じずにやり過ごせるものだったりもする。しかも支配や疎外はさまざまな形態が入り組んでいて、性別という面だけが問題になるわけでもない。私自身はどうかといえば、比較的自由だとは言えるんじゃないかな。それはとりわけ政治に対してはっきりとした意識を持っていて、批判的に政治参加していることのおかげ。私はいつでも自由の新たな余地を勝ち取ろう、自分の解放を妨げている限界と阻害要因を見極めようと、努力しているの。自由になるためには自分に巻かれた鎖を知ることから始めなければならない。自分自身を疎外している仕組みを意識するのは辛いことだけど、でもどうしても必要な道だし、それによって救われるのよ」

――九死に一生を得るということだね。

「そうね、そのとおり！」

第三章　今日の男女不平等

――法制度の面では獲得したことがたくさんあったって話だったけど、どうして実生活でうまくいかないんだろう？

「形式的な平等を現実の平等にするのは難しいのよ。それこそが今日的課題と言えるわね」

――職業上の男女平等は法的には規定されていると言ったけど、いまでも女性の失業率の方が男性の失業率より高いとか、同じ仕事でも女性の平均収入は男性の平均収入より低いとかいう話を聞くよね。もしかして法制度は効果がないってこと？

「雇用という点で男女平等ではないとあなたが言うのももっともよ。女性は年齢、職種、資格がどうあれ、失業に見舞われることが男性よりも多い。真っ先にこの「過剰失業」の犠牲にされるのが女性工員と女性サラリーマン。一九八〇年代から一九九〇年代に不安定雇用が拡大したとき、その標的となったのも女性だった。「特別雇用形態」に追いやられたの。これは内職や有期契約、非正規雇用などを指して言うためのお役所言葉。パートタイムの――労働時間が部分的《パート》なだけじゃなく、賃金も部分的なら年金も部分的、部分的には失業しているも同然の――賃金労働者の八三パーセントが女性なのよ。そうした女性たちがワーキングプア層の大多数を占めている。ワーキングプアというのは働いているけど貧困線以下で生活している人のことよ。それに女性たちは解雇される割合も男性より高いから職を代えざるを得なくて、生涯の転職回数も男性より多いの。極めつけは賃金の根強い不平等。男女差は二五パーセントにも達するのよ」

――公務員でもそうなの?

「そう、公務員でも男女不平等がなくなっていないんだからびっくりだよね。公務員での男女賃金格差は一七パーセント。「同一労働、同一賃金」という古くからあるスローガンを達成するためには、いかに長い日数がこれからまだかかるか、ということよ。公的に規定されている原則は守られていない。一九七二年に、価値の等しい労働に対する報酬は男女平等にするという原則を定めた法律が労働法典の一つとして定められたの。気構えは立派だけど、でも実現にはそれだけでは足りない。フランソワ・ミッテラン大統領の下で史上初の女性と人権担当大臣となったイヴェット・ルーディが、一九八三年に法的枠組みを強化することを決めた。彼女の法律は従業員五〇人以上の企業は「平等賃金監査」を実施することを義務付けるというものだった。でもこの法律によって一九八四年から九九年のあいだに監査を受けたのは、全企業の半数以下で、しかも提示された不平等改善計画にサインしたのはたったの三四社だったの。だからこそこの法律は、その後補完してやらなきゃならなかったわけ」

――どうやって補完したの？

「少しだけど法律の強制力を強化したの。法案提出者カトリーヌ・ジェニッソンの名を取って「ジェニッソン法」と呼ばれる二〇〇一年の法律と、その後の二〇〇六年の別の法律では企業の急所を突く手段として財政上の制裁規定を加えた。また、毎年行なわれる雇用者／被雇用者間の交渉における、職業上の男女平等に関する目標をより高く設定した。でも実際には何の効果も無かったの」

――なぜ？

「守らなきゃいけないって思わせるような法律じゃないんだと思う。民間企業相手だったらもっと制裁を強化すれば効力を発揮するだろうし、公共部門だったら率先して完璧な手本を示そうとすべきなのに、そうはしないんだよね。手本を示すにはよほど強力な政治的意志を持ってなきゃできないし、お偉方にも臆せず懲罰を科すつもりでなきゃ無理よ。何しろ性別に基づく秩序を壊そうというんだからね。でも私たち女性にとっては、政治的意志がどうしても必要なのよ。ただしもっと根本的な障害は別のところからやってくる。それは習慣や、歴史の蓄積や、知らず知らずのうちに忍び寄る性差別、支配の内面化、男女間の不平等が猛威を振るっている別の領域からの影響などに由来する障害よ。女性たちはずっと労働にいそしんできたけど、賃金労働の世界に大挙して流入していったのは一九六〇年代が最初だったの。いまでも依然として、女性の賃金が小遣い稼ぎ程度にしか見なされないことがよくあるし、家事や子育てが、女性のキャリアアップを妨げていることもある。しかも政治が、家族政策を本来とは異なる目的に利用してきた」

――本来はどうすべきだと思うの?

「家族政策がまず最初に目標としたのは出産奨励なの。戦争直後という状況下で政府が優先課題としたのが、出生率の健全化だったわけ。さまざまな手当てを創設し、しかもそれを子どもの人数にあわせて増額するようにして、当時の女性たちを出産へと駆り立てた。その目的は、女性が家族の一員としての生活と職業人としての生活を、うまく両立できるよう支援することではなかったのね。その後の家族政策は、何よりも社会的不平等を是正する手段として利用された。逆に言えば家計収入に対する財政援助の方は低下させ始めた。理屈に合わない理屈が積み重ねられて、大ざっぱに言えば次のような論理になった。子どもが多ければ多いほど、社会的には不利になる、だから制度的にはより優遇されて然るべきだと。それ以来、乳幼児の保育環境の不足がだんだんと明らかになってきたの。女性労働力率が高くなっていったからね。その一方で大量失業が常態として居座るようにもなった。その結果、多くの人が一石二鳥をねらってこう考えるようになった。「女性は家にいたほうがいいんじゃないか?」とか「恵まれた階層の女性が子どもを預けるために〈乳母〉を雇うのを援助してもいいんじゃないか?」とかね」

――それは名案とは言えないの？

「すべては何を目指すかによるわよ。男女平等を目指すなら、それはすごく悪いやり方よ。なぜならそれによって促進されるのは、女性が家に戻ること、私的空間に閉じ込められること、夫ないしパートナーに財政的に依存することだから。社会的不平等を是正することを目指すとしても、やっぱり上手くないやり方。なぜなら国家予算が裕福な家族のために優先的に費やされることになるからよ」

――どういうこと？

「たとえばＡＰＥ（養育親手当）――いまではＰＡＪＥ（乳幼児受入手当）に改組されている――は、もともとは女性を家にとどまらせるために一九八五年に創設された制度だった。最初は子どもが三人以上いる母親を対象としていたのが、一九九四年にそれが拡大されて二人以上になった。いま私は母親と言ったけど、この手当は制度としては父親が受けることもできる。でもこの制度を利用するのは九九パーセントが母親なのよ。この援助は満額でだいたい月に五〇〇ユーロになる。たいした額じゃないわ。この手の政策がもたらすのは、具体的には労働市場からの女性の撤退よ。それに、職歴を中断することはリスクを伴うということも付け加えたい。元の職に復帰するのはだんだん難しくなってきているのよ。その上ＰＡＪＥは裕福な家族に有利な制度なの。自宅でシッターさんを雇うことに対して支払われる補助は、要するに収入が最も多い層の家族に支払われることになる。もっと他のやり方で再分配することもできたはずの莫大《ばくだい》な額の公金が、そんなふうに使われる。フランスの所得税課税制度も不平等を支えるもう一つの基礎と言えるのよ。フランスでは所得税が世帯単位で課税されるでしょ。家族の課税所得額の合計を家族除数と呼ばれる数で割った額から税額を算出するわけだけど、この家族除数は一人目と二人目の子どもが〇・五、三人目以降は一と加算されるから子どもが多ければ多いほど控除が大きくなるし、所得が多くて収める税額が大きければ大きいほど、控除額も大きいということになる。一方、所得税をまったく納めていない人は、国家によるこの財政的援助から排除されているというわけ。

――解決策は？

「新たな目標に沿うように家族政策を構築し直す必要があると思う。新たな目標とは、まず初めに男女間の平等、そして子どもへの公平な援助ね。そうだとすれば出産を奨励して女性を家に戻そうとする家族主義の論理とも訣別《けつべつ》しなければいけない。家族主義の論理に従っても、公平な富の再分配の余地はないということを認識する必要があるね。真っ先に対処しなければならないと私が思う課題は、保育施設の拡大。三歳未満のあらゆる子どもが託児所に入《はい》れるようにしなければならない。このやり方こそ、子どもがいい環境で育つこと、母親が職歴を中断せずに働き続けることをどちらも可能にする手段として、最も確実で、家族にとっては最もコストが少なく、教育上の見地からも最も正当で最も首尾一貫している。しかも付随的な、でもだからといって無視できない効果として、時間決めで非常に流動的な労働条件下に置かれていることが多いのに、その権利を保護するための労働組合のような枠組みもない個人雇いのシッターさんたちのような不安定雇用が広がっていくことを防ぐことができるかもしれない。この目標を実現するために払わなければならない努力は小さくはない。でも一九六〇年代に、一日に一箇所ずつ幼稚園を開園させたことを考えてみればいいわ。そのおかげでいまでは三歳から六歳のすべての子どもが「幼稚園」に通えるのよ。ちなみに幼稚園のことをフランス語では「母親的学校」と言うけど、この呼び名も中立的でないと思わない？「幼児の学校」って言えばいいじゃない？　ステレオタイプっていうのはしぶといね。それから、託児所は無償にしなければいけないと思う。幼稚園以上の学校と同じようにね。いまは保育費用のために多大な出費を強いられている。その後の就学期間の費用は、その大半が社会が負担しているのにね。子どもの世話をする人も、男女両方から募るように奨励することはいいことだと思う。いまは保育士の圧倒的大多数が女性だからね。保育士の世界を女性がほぼ独占していることも、伝統的な規範の強化につながっているんだよ。父親は、幼い子どもの教育という務めに関わらないという規範だね」

——託児所の他に変えるべきものは？

「家族革命をどうやって遂行するか事細かに話すのはやめとくわ。代わりに他の具体的な事例を、別の領域から挙げるとすれば、父親の育児休暇の制度はかなり最近創設されたものだけど、これはもっと強化するに価すると思う。いま父親には、子どもが誕生したときに一一日間の休暇を取る権利がある。これは子どもが生まれて初めて父親が自分の役割を認識する機会になるわ。この期間をもっともっと増やすべき。より根本的には人生のさまざまな時期を見直して、それをどうやって配分するか考え直す必要があると思う。

女性たちが大挙して労働市場に参入したときには、それまで女性たちが引き受けていた仕事を誰がその後は引き継ぐのか、という点については何も考えられていなかった。結果的に一番よくあるのは、女性たちが倫理観から会社と家の二重の労働生活を送るというケースね。男性は、家庭内労働と子育ての務めをきわめて部分的にしか担ってこなかった。確かに技術の進歩によって、たとえば洗濯機や冷凍食品の普及によって、「主婦」の日常は改善された。だけどそれでは足りないのよ。家事労働の一部は、一箇所でまとめて処理することにして外注することができるかもしれない。たとえば衣類・布類の洗濯とアイロン掛けはクリーニング店に任せてもいい。でもそれでも日々の仕事でやらなきゃならないことが必ず残るでしょう。そうしたらそれは、改めて公平に分担しなきゃいけないよね。人類全体にとって役に立つ家庭内雑務の全部を、人類の半分が負担しなければならないという理由は何もないからね」

――そりゃそうだね。男も手伝わなきゃ……。

「それが間違いだっていうのよ。必要なのは、男性が自分の分担分の仕事をすることだけ。女性たちが「うちの夫はよく手伝ってくれるの」ってよく言うじゃない？　皿洗いとか掃除機かけるとか。そういう言い方が病気の症状を表わしているのよ。もしも男性がするのが「手伝い」だと言うなら、そういった家事を全部まとめて担当しているのは女性だということになってしまうでしょ。時間配分によって女性たちは、自分個人の人生に没頭し、キャリアアップに邁進《まいしん》できるようにならなきゃいけない。要するに、ぞうきんやら鍋やらにまつわる事柄が、私たち女性の職歴には大いに影響を及ぼしてるってことなのよ」

――でも女性社長だって存在するでしょ。MEDEF（フランス企業運動）〔日本でいう経団連のようなもの〕のローランス・パリゾ会長のような。

「でも、それによって状況が根本から変わるわけじゃないんだよね。女性社長は全企業の九パーセントだけなのよ。ローランス・パリゾがMEDEF会長に選ばれたときに、私は思わず、そこに経営者たちの悪意を見てとってしまったわ。MEDEFは労せずして現代的で、最大多数から人間的だと見なされる顔をまとうことができたんだからね。男性より女性の方が情愛が深いなんて考えは、本当に月並みでしょ。女性だったら冷徹な経営者には見えないだろうってわけよ。そうはいっても女性がMEDEFの会長になったことは、とてもいいことよ。だって女性は責任あるどんな地位にでも就任できるようにすべきだし、とりわけそれが高度に象徴的で人の目に付きやすいものであれば、なおのことそうすることが不可欠だから。ニコル・ノタがCFDT（フランス民主主義労働同盟）の書記長に就任したときも、同じようにいい意味で衝撃的だった。なぜなら来るべき世代の女性たちがメディアでそのような役職に就いている女性を見たなら、きっと自分自身が労働組合の責任者になって公の議論で重要な役を演じることを夢見ることもできるだろうからね」

――ところで職業上の平等というのは「同一労働、同一賃金」ということ？

「そう。でもそれだけじゃない。なぜならそもそも男性と女性とでは同じ職に就くことができないから。それをまず改善しなくちゃ。たとえ「同一労働、同一賃金」の目標が実現しているのだとしても、女性がより報酬の少ない職にしか就いていないのであれば、職業上の平等は達成されないままということになるでしょう？　だから賃金は一つの側面でしかなくて、職業上の平等は、労働条件にもキャリアアップにも職業訓練にも職業選択の選択肢の幅の広さなんかにも関わっているのよ。ところが私たちは、社会的な活動の分担を先祖から引き継いだまま振り払えないでいる。「男には男の仕事が、女には女の仕事がある」ってね。また仕事に付けられた順位も振り払えていない。「男の仕事は女の仕事よりも価値が高い」というふうに。あなたたち男には生産的な領域を、そして非常に高い価値を認められた役職を。私たち女性には再生産つまり生殖を、そして母親としての役割、あるいは家庭内の役割、たとえば老人の介護を、という具合。まだそこから抜け出せないでいるのよ」

——政界の男性はどう？　政治の世界はよく知っていると思うけど。

「集団としては、彼らの態度は男尊女卑だよ。フランスの議会に女性がほとんどいないのは、男性がそこでの権力を握ったまま放さない術を心得ているからよ。個々の人としては、なかには誰にも増して男尊女卑だという人もいる。政界の女性嫌悪《ミソジニー》の雰囲気をよく表わしている逸話には事欠かないよ。信じられないけど本当の話。ある女性議員が国民議会で強姦《ごうかん》についての討議に参加していたとき、ある日、男性議員から野次を浴びせられたの。その男性議員は、審議の真っ最中に誰にともなくこう怒鳴った。「それがあんたには起こらないってことだけは確かだよ！」。下劣。これぞ紛うことなき男尊女卑でしょ。でも男尊女卑は、もっと陰湿なコメントや、下半身に関わる野次とか、あるいは私たち女性の能力を繰り返し疑問に付すといった形で日常的に横行しているの。スーパーマーケットのレジ係の女性も、あるいは企業の管理職の女性も、政界の女性と少なくとも同じくらい、語るべき逸話を持ってると思うよ。それでもやっぱり民主的な議会とかマスコミとかで女性が公に標的にされるのは、特別な効果があるよね。なぜならそれはすべての女性たちに跳ねかえってくるからよ」

——日常的な男尊女卑をなくすためには、他にもふだん必ずしも目に付かないけど変えなきゃいけない小さなことが山ほどあるんじゃないかと思うんだけど、違う？

「そのことだったら私は何時間でも話せるわよ。私の髪型を見て。「ボーイッシュ」っていうのかな。ベリーショートだからカットもスタイリングも簡単なはずなんだけど、私は美容院で男性料金より高い女性料金をきっちり払ってるのよ。男性の髪を切るのと同一労働のはずなのに。どうして？　ただ私が女だからという理由だけなのよ。男女別々の料金設定は本当にムチャだわ。

何の存在理由もない。どれほど難しい髪型か、どれぐらい時間がかかる髪型かでカットの料金を決めるべきでしょ。これも日常の性差別の一例よ。私たちは従順にもそれに慣れてしまっている」

――他の例は?

「書類なんかで女性は未だに「マダム」なのか「マドモワゼル」なのか特定させられる。男性の方は常に「ムッシュー」、はいおしまい。どうして私たち女性は結婚しているかどうかをはっきりさせなきゃいけないの? どうしてあなたたち男性にはその必要がないの? 男性は結婚しているか否かということとは関係なく存在することができる。一時「マドモワゼル」の男性版として未婚男性には「モンダモワゾー」なんて呼びかけたけど、それもとっくにすたれたでしょ。こうした小さな細かいことになると、私たち女性は馬鹿げたことに受け身になってしまう。それが積もり積もって性差別に満ちた社会が出来上がっているのにね。そういう小さな差別はもうずっと前に消滅していなきゃいけなかったはず。ともかく役所の書類は見本を示さなきゃいけないよね。こうした小さいけれど重大な細かなことすべてを通じて、男性が女性を支配する関係が築き上げられ、再生産されるのよ」

——でも何といってもフランス人女性は、世界中のほかの国の女性に比べれば恵まれているとは思うでしょ？

「それこそ本末転倒な話ってやつよ。女性にとって西洋で生きるのは、他の国で生きるのに比べればいいということは確かよ。フランス人女性は世界の状況から見れば、それほど運が悪いとは言えない。でもね、気をつけなきゃいけないのは何よりも先入観よ。トルコでは女性に中絶する権利がある。ポルトガルやアイルランドではその権利はない。女性性器切除のような習慣はアフリカに限った話だと思うかもしれないけど、フランスにも確かに存在している」

——女性性器切除って何？

「かみそりの刃やナイフを使って女性器のクリトリスや小陰唇を切り取るのよ」

——怖！

「確かに。なのにフランスでこの習慣の犠牲になった女の子の数は延べ三万人以上にのぼるらしいよ。もうずっと前から人はこの事実に気づいていたの。文化相対主義を逃げ場にする人もなかにはいる。「アフリカの伝統なんだから」ってね。でもこの件に関してたいていの場合は沈黙ね。強制結婚についても誰も何も言わないのと同じように。要するに、わがフランスについても、他のどこについても、理想化しちゃいけないってこと。人が思いこんでいるよりずっと遅れを取っている状況はいくらもあるんだから。あなたが覚えているかどうか知らないけど、パリテ、つまり選挙候補者の男女同数制について議論があったとき、フランスでは女性の議席数がイタリアやギリシアやスペインよりも少ないということを知って、私たちはまったく奇妙な感じがしたのよ。なぜなら私たちフランス人は、他の地中海沿いの国の人たちよりも自分たちはマッチョ度が低いはずだと確信していたから。そもそも、こと平等に関しては、よそはもっとひどいということを理由にして、部分的な勝利で満足するなんてあり得ないの。そこそこの平等なんて、何の意味もない。差別や暴力が部分的にでも残っているのなら、闘わなくてはいけないでしょ。あと何よりも言っておかなきゃいけないのは、ある国で獲得された前進の一つ一つが、世界中で闘っている人の拠り所になるということね。私たちがよその国の女性の解放のためにできることは、情報を提供し連帯のネットワークを築くこと。そのいい例が「世界女性行進」ね。これは世界中で女性運動やフェミニズム運動に取り組む人たちが定期的に結集して意思統一を図る集まりのことよ」

――でもたとえばサウジアラビアのような国の人たちの意識を高めるためには、何から手を付ければいいんだろう?

「宗教が、女性の権利に反するような方向で影響を与えている国はたくさんある。あなたはサウジアラビアを例に挙げたけど、あの国はその点に関しては最も保守的な国の一つね。女性たちは一〇歳になるとヴェールを着用しなければならなくなる。自動車を運転する権利もないし、身分証明書を持つようになったのも二〇〇五年以降よ。でも地球上の他の地域でも、平等を阻む巨大な障害が目に付くところはいくらでもある。それに障害の根源が宗教の影響だけとは限らない。宗教は、平等を推進させるべき立場にある権力にとって、そうしない口実として役立つけどね。他にも政治的、社会的、文化的な障害を考慮に入れなきゃいけない。アラブ世界やアフリカ大陸以上に、アジアは女性にとっては未だに暗黒大陸よ」

——知らなかった……。

「たとえば男子偏重が、とりわけ中国では大きな影響を与えている。男女の人口の不均衡が生じるほどなのよ。アジアでは女性が九〇〇〇万人足りないらしい。理由は嬰児《えいじ》殺し、子どもの高死亡率、そして選択的な堕胎なの。イランでは姦通罪《かんつうざい》を犯した女性は石打の刑に処される。つまり石をぶつけられて処刑されるってことよ。複婚制——わかると思うけどこれはいつも一方通行、つまり一人の男性に複数の女性の組み合わせしかない……——はアフリカ大陸で広く普及していて、ほぼそのすべてが国家から公認されている。強姦が戦争の武器となる例も世界中にある。最近ではルワンダやコソヴォがそうだった。女性の人身売買も急増している。二〇〇二年には、そのうち五〇万人が欧州連合諸国に連れてこられたらしい。それによって売春斡旋《あっせん》ネットワークに巨額の富がもたらされることになる。世界中で女性に対して振るわれている暴力と、不平等な法制度をリストアップしていったら、そのリストはとても長い、むごたらしいほど長大なものになるわ。フランスでは、国内の不平等を最小限に抑えようと思ったら、その遠因が海外の状況にあることも多い。だからフェミニストの闘いは国際連帯主義でなければならないのよ」

第四章　フェミニストの闘い

——男でもフェミニストになれるの？

「もちろん！　フェミニズムというのは、法律的にも実際的にも女性を解放することを目指した人間尊重の政治闘争なんだから。白人が人種差別に反対して闘ったのと同じように、男性も男女平等のために闘うことはできるはず。そういう人が多くないのは確かなんだけどね。ＭＬＦの時代、つまり一九七〇年代には女性たちは「私を自由にしてくれなくて結構！　自分のことは自分でする」と言っていた。フェミニズム運動内部での男性排除の主張は、当時は避けられないことと思われていたのよ。女性たちが、それぞれ感じていることを気ままに話し合い、そうやって自分の経験から少しずつ政治的な言葉を築いていくことができるようにするためには、同胞で固まることが必要だったの。そうではあるけど男性たちも、もうずいぶん前から女性の権利を擁護してきた。前に挙げたフランソワ・プーラン・ド・ラ・バールやコンドルセのほかに、ジョン・スチュアート・ミルなどが、それぞれが生きた時代なりに、女性の解放のための著作を書いた。現代では、フェミニストを自称する男性も珍しくはないし、フェミニズム運動体で男女混成を唱えている団体もある。私がトマ・ランスロ＝ヴィアネたちと共同で設立したミクシテもその一つ。私たちにとって男女混成は自明の理なのよね。時代の違いね……」

――どうしてフェミニストになったのか教えて。

「多くの女の子がそうだけど、私も二〇歳のときには「私はフェミニストじゃなくて、女《フェミニン》だよ」と言ってた。だってそうでしょ、私は（あなたもそうだけど）男女共学も経口避妊薬《ピル》もすでに存在していて、男女平等に対するきわめて安易な幻想を学校で植え付けられた世代なんだから。男女間の支配関係にはほとんど気づいていなかったし、フェミニストについても戯画化されたイメージしか持っていなかった。でもその後、現実を思い知らされることになったの。私の場合はそれが非常に暴力的に起きた。あなたも知っているように私は強姦《ごうかん》された。だからフェミニストになった。あのとき私はCFCV（強姦に反対するフェミニスト集団）に連絡を取った。強姦被害者の援助をしている団体は他には見つからなかったし、何よりも私は話を聞いてもらいたかった。そして情報を得たかった。でもすぐに、闘いたいと思うようになった。初めて会議に出席したとき、CFCVの創設者の一人であるスージーと議論になった。私は彼女に団体名から「フェミニスト」の文字を削除しなきゃいけないと主張した。私はそれが古いと思っていたし、強姦と女性の権利に関係があることが見えていなかったのね。当時の私の頭のなかには一人の精神病患者の男の犠牲になったのだ、ただそれだけだという考えしかなかった。

そういう理由から「フェミニスト」の文字を削除すべきだと、私はスージーに率直に話した。そうしたらスージーが私をきつくたしなめたのよ。強姦と女性への抑圧にはつながりがあるということは彼女にとっては明白だったんだけど、それを私にわからせようとした。私は疑いを持った。それで強姦に関する、またフェミニズムに関するあらゆる方面の本を読み始めた。私は二四歳だった。そしてシモーヌ・ド・ボーヴォワールの『第二の性』を発見した。ほっぺたをたたかれたような気分だったわ。それ以降は、まるで眼鏡をあつらえたみたいだった。すべてがはっきりと見えたのよ。そして日常の最小限の細かなことに至るまで、私は性差別を感知するようになった。その後は男女関係を理解しようとずっと努めてきたし、そのことによって大いに救われた。私は男尊女卑の罠《わな》の裏をかくことが上手にできるようになったし、課せられた女性の役割に自分を閉じ込めたままにしておかないこともできるようになった。ボーヴォワールの有名な言葉、「人は女に生まれるのではない、女になるのだ」をもじって言うなら、人はフェミニストに生まれるのではない、フェミニストになるのだ、というところね」

――男尊女卑の罠の裏をかくって、どうやるの？

「いい質問だね。まず何が生じているのかを理解することが、必然的にそれに抗うための決め手になると思う。逆に男尊女卑のメカニズムがどう稼働しているか私たち自身がよく理解していないからこそ、支配を内面化してしまっているからこそ、そして多くの女性が罪責感を感じているせいで、抵抗したり、異議を唱えたり、単に「ノー」と言うことさえできない状態にあるからこそ、男尊女卑がますます強化されているの。そんなふうにされるがままにならないための手助けを、フェミニズムはするのよ。支配という状況に気づくことが、自分たちの行動を変えていく前提条件だからね。平等に向かう行程において、私たちは誰もが果たすべき役割を持っている。つまり押し付けられる規範に閉じ込められるままにならないよう注意を払うということ。

具体的に言えば、伝統的には男性のものだとされている役割に奮起して取り組み、性差別に基づくあらゆる形の侮辱に反駁《はんばく》し、差別や侮辱の実例に対して知識と熟慮をもって冷静に対処する。そうした積み重ねによって、未解決のまま苦しむよりも反抗することが可能になる。イングランドのジャーナリストのレベッカ・ウェストが二〇世紀初めに言ったように、「私自身はフェミニズムが何なのか、まだわからないけれど、自分はドアマットとは違うと思っていると表明するたびに人が私をフェミニストと呼ぶのだということだけは、わかっている」ってことよ」

――罪責感っていまさっき言ったけど、どうして女性たちは自分が悪いと思ってしまうの?

「それは、とくに暴力の被害者になった女性によく見られる感情なの。強姦された女性について、「自ら招いた」と言われたりするでしょ。DVの被害者女性については、「どうして逃げださなかったのか」と言われる。もっと低俗な物言いだったら、「尻軽女」なんじゃないのか、などとまで言われたりする。「尻軽女」なんて奇妙な概念よね。それじゃ「尻軽男」ってのがいるのかしら？　要するに、女性が抱く罪責感は社会の視線を反映しているの。犠牲者に烙印《らくいん》を押し、女性はあらゆる点で「ぬかりなく」すべしと過剰に命令する社会のね。その結果、罠にかかった女性は自分が悪いと感じる。そういう命令のすべてを満たすことができない自分が悪いんだとね。職業を持って働いていて、子どももいるという女性たちはしばしばこんなふうに言う。「子どもたちとあまり一緒にいてやれなかった」、「会社を出るのが早過ぎた」、「家が片付いてない」……。まるでパートナーにはその責任がないみたいにね。こうしたことすべてを完璧にこなそうと思ったら無謀ってもんでしょ。男性の方は、そんなふうに義務を割当てられることがない。たとえ彼らの家が汚くても、またたとえ彼らが家族との生活を犠牲にして会社で仕事ばかりしていたとしても、大抵の場合はまったく、あるいはちょっとしか自責の念にかられたりしない。だから男女が日々のあらゆる務めに同程度の寄与を果たすよう時間配分をすることが重要なのよ」

——じゃあ多くの人が、フェミニストは女性の独裁を目指していると思っているけど、そうじゃないんだね。

「フェミニストであるということは、支配関係の逆転を求めることではないのよ。自分の運命があらかじめ決められるようなことをなくし、男女の権利と可能性の幅を同じにすることを求めるということ。平等を要求することは、独裁とは似ても似つかないことよ。目指すのは独裁の正反対の解放。逆に反フェミニズムの方が平等への歩みを阻んでいる。フェミニストの闘士をたたくということは、彼女たちが担っている人間尊重の闘いが正当でないと言っているに等しい。それなのに、フェミニストの闘士に関するとても否定的で間違った考え方が広く流布されているわよね。反フェミニズムはフェミニズムとおなじくらい古くからあるの。抑圧者の側に死者をまったく出さない解放運動なんて、皆無とは言えないまでもほとんどないんだけど、それでもフェミニストは誰かが言っているように「恐るべき去勢屋」ではなくて、人間尊重のヒューマニストなんだよ。確かにヴァレリー・ソラナスの『男性抹殺団宣言』のような本は、「いかにして男を粉々に切り刻むか」説いていたりして、煽動的な面があることは認める。私はあの本を読んで笑っちゃったけどね。一九七〇年代のフェミニスト闘士のなかには、首に小さなハサミをぶら下げる女性がいた。「奴らの玉をちょん切るぞ」という意味でね。もちろん現実には何もちょん切ったりしなかったけど。ただしフェミニストがよく使っていたこのユーモアを、人はほとんど気にとめなかったの。……もしかして理解できなかったのかな？　公共の広場でぞうきんを燃やしたりブラジャーを燃やしたりするのもお決まりのイメージだけど、これのほうが、既成秩序への異議申し立てとしては、まだ遊び心のあるやり方だと思わない？」

──どうしてブラジャーを燃やすの？　それが女性支配や女性疎外の道具

だっていうわけ？

「二面あるんじゃないかな。ブラジャーは一方で、旧式のコルセットに取って代わることによって女性の日常を改善した。でもその一方で、現代のブラジャーの目的は必ずしも快適さではなくて、何よりもバストアップだったりする。どうしてバストアップする必要があるの？　胸が垂れないように、男性の欲望――本当にそんな欲望があるのか、ただそう言われているだけなのかは別として――に応えるためでしょ。だからフェミニストが「女らしさ」の典型としてこの道具を攻撃するのは、女性を欲望の対象として扱うことに異議申し立てする象徴的でおもしろい一つの方法なのよ。要点はね、こういうこと。「私たちの胸の形は男が決めるものじゃない。Ｔシャツの下に何も着けない方が私たちは快適なんだ。胸が垂れてもいいじゃないか。私たちがそれでいいって言うなら……」。ユーモアとさっき言ったけど、他にも例を挙げようか。ＭＬＦが最初にメディアに取り上げられたのは一九七〇年八月のことだった。凱旋門《がいせんもん》の下には第一次世界大戦のときの無名戦士の墓があるけど、そこに花を手向けたのよ。そのときのスローガンが、「無名戦士よりもっと無名な者がいる。無名戦士の妻だ」というものだった。ひねりが利いた言い方でしょ。だから、フェミニストといえばヒステリーで禁欲的で「欲求不満のブス」というふうによく描写されるのはどうしてなんだろうって思う」

――インターネットの「ウィキペディア」で読んだんだけど、フェミニズムには三つの潮流があるって。リベラルとラジカルと社会主義だって。どういう違いがあるの？

「それはちょっと図式的過ぎるね。フェミニズムの潮流も歴史上の時代に沿って変化してきているから、もっと別な方法で分類した方がいいんじゃないかな。私がまず第一に考えるのは、「平等主義」または「普遍主義」と、「本質主義」または「自然主義」との区別だね。この区別は男性／女性それぞれの役割をどう考えるかということで対立している。平等主義＝普遍主義の方は、アイデンティティは文化的に構築されたもの、つまり変えることが可能だという点を強調する。生得の、つまり変えることのできない性差に価値を置くものは何であれ信用しない。女性たちを抑圧する口実は、要するに性差だということでね。一方、本質主義＝自然主義の方は、逆にこの性差を主張し、女性的本質を推進すべきだと、つまり女性性に価値を置くべきだと考える。両者の境界線ははっきりしているわけでじゃなく、区別できないこともある。たとえばシモーヌ・ド・ボーヴォワールをめぐって、普遍主義者も本質主義者も、どちらもボーヴォワールが展開したのは自分たちの方の哲学だと主張しているの。こんな論争があることからも、両者の区別があいまいだということがわかるでしょ。また別の区別としては、修正主義とラジカル・フェミニズムを分けることがよくある。これはある意味で、過激か否かという程度の問題なのよ。たとえばラジカル・レズビアンは男性とのあらゆる性的関係を断つことを、激しく求めている。理由は、「抑圧者とは寝ない」ということと。これは……そう、さっきも挙げたパリテすなわち選挙候補者男女同数制を目指した運動のフェミニズムとは同じフェミニズムではない。あとは、政治思想によってフェミニズムの潮流を区別することもできる。ドイツのクララ・ゼトキンは、二〇世紀の初め、フェミニズムと社会主義を連結することにとくに力を入れた。フランスでもとりわけＭＬＦの時代には、「階級闘争」について語る風潮があった。フェミニズムとマルクス主義を結びつけることを目指していたのね。それに対して、自分たちの闘争はそのように遠大な政治計画に吸収されたり連結されたりすべきものではないと考える人たちもいる。こんなふうに、フェミニズムといってもさまざまだけど、左翼に位置づけられることには疑いはない。だけど右翼のなかにも、フェミニストを標榜《ひょうぼう》する女性がいるし、ときにはそういう男性もいる。その例としていま一番有名なのは、ロズリーヌ・バシュロね。結局のところフェミニストを分類するのは難しい。枠に収まらないのよ。でも世間一般に信じられているのとは正反対に、フェミニズムは一つの決まった教義ではないということは覚えておいて。議論を通じてたがいに異なる考え方をぶつけ合って、それによって変わってきたの。だからフェミニズムにはフェミニズムの歴史というものがあるのよ」

――で、自分としてはどっちだと思うの？　平等主義？　本質主義？

「平等主義よ。私たちはあまりにも長いあいだ社会化されてきたので、何が生得のもので何が習得されたものなのか、分けることはできなくなっていると私は思うから。少なくとも歴史と文化が大きな影響を与えていることは間違いないよね。そして社会的な関係に属するものであれば、それを変化させることもできる。私はそのことに没頭したいの。さらに付け加えるなら、性差は自然の本質だと言っている科学者たちをやり玉にあげることに私は興味がない。でも私自身は科学者から欺されはしないけど。一般的に科学者の見方だって、社会状況とともに変化するものなんだから。一九世紀の研究者たちは、女性は脳の大きさが男性より小さいから知性が劣っていると言っていた。現代の科学者たちは、女性が文学や外国語などに力を注ぎ、一方男性が数学やチェスが得意なのは、頭蓋《ずがい》の違いに由来するということを証明したつもりになっている。そんな論拠をどうやって信用しろっていうのよ？　それに人間の身体、ということはつまり人間の脳だって恐らくは、歴史によって形作られてきたということを私たちは知っている。世界的に女性の方が男性より身長が小さく筋肉の量も少ないとすれば、それは先祖から引き継いできた社会的役割分担の結果なんじゃない？　男性は何世代にも渡って人と争うよう、戦争をするよう、狩りに行くように養成されてきたということを考えてみれば、その身体に影響がないなんてあり得ないでしょう？　もしも歴史の影響によって身体がそういうふうになったんだとしたら、改めてその形を変化させることも可能だということになるよね」

——でも性別というのは、経済的、知的、社会的蓄積とは違って、外科手術でも受けない限り変化しないものなんじゃないの？

「そのとおり。外科手術を受けない限り、女性の身体が男性の身体と同じようになることはない。私たち女性にはペニスはないし、あなたたち男性には子宮がない。「右のとおり相違ありません」だよ。でもだから何？　だからそれに基づいて私たちの社会組織を構築しなきゃいけないの？　私たち個人の運命、集団の運命がそれに左右されなきゃいけないの？　それだから能力は性別によって異なるということになるの？　可能性の幅を真っ二つに分断されなきゃいけないの？　女性が出産するからといって、子どもの誕生にかかわるあらゆる務めを女性だけが遂行しなければならないの？　そうやって個人を、性別で異なる規範、あらかじめ決められた上下関係に閉じ込めてきたんだよ。でも生物学的なことで私たちの人生が決まるわけじゃない。自然はあらゆる点でよき指針とは限らない。妊娠中絶のことを考えてみてよ。もしも仮に自然のままにしなきゃいけない、生物学的なメカニズムに合わせなきゃいけないとしたら、妊娠中絶や経口避妊薬《ピル》を女性に認める法律を制定することはできなかったはずでしょ。でもこの権利は認められた。それは私たちの基準が自然にではなく、私たちの進歩、私たちが社会を築く基礎としている価値にあるからでしょ。中絶する権利、避妊する権利が女性たちの解放と性の自由の前提であると、私たちが集団として判断したからでしょ」

――ぼくの高校で、中絶の権利を拒絶する女生徒がいるよ。それは生きている存在を殺すのと同じだからって。この場合、自由は殺人を正当化するということ？　それよりむしろ、性行動モラルの教化を促したり、避妊手段を強く推奨することの方が必要なんじゃない？　中絶は、たとえば強姦のときのような、すごく限定された場合にしか認めないようにしてもいいんじゃない？

「あなたの年代で中絶する権利に反対の女の子がいるとは、確かに心底びっくりだわ。私たちがけっして逆戻りしないとは言えないという証拠だね。胎児の地位に関する論争は新しいものじゃない。なかでも科学者と、反中絶派の圧力団体はこの議論に熱心でね。でもよく見極めないといけない。なぜなら持ち出される論拠が政治的選択として使われることがあまりに多いから。フランスでは、中絶が認められる期間は、胚《はい》の状態に正確に対応して何週間と決められていて、胚が胎児になったら、それを成長させるためにあらゆる努力を払わなければならないとされている。フランスの法律で中絶が認められている期限は、妊娠一二週または無月経一四週までなの」

――無月経って何？

「生理がないことよ。破毀院《はきいん》［日本でいう最高裁］はこれまでずっと、胎児は人間ではないという考え方を支持する裁定を下してきた。このことに関する科学的な論争はまだ決着が着いていないけどね。ヨーロッパの他の国のなかには、もっと柔軟な法制度の国もある。中絶を認める期限はさまざまで、スペイン、イギリス、オランダ、スイスなどは胎児が生育力を持ち始める時期すなわち妊娠二四週まで認められている。人は喜んで中絶するわけじゃないってことは言うまでもないわよね。すごく難しい決断だし、その人の人生にとってすごく重要な行為なんだから。これは医療行為であって、この手段に訴えるのは、避妊が失敗したという状況を挽回《ばんかい》するため、女性たちが自分の生殖力を本当の意味でコントロールできるようにするためなんだと考える必要がある。とりわけポジティブな成果としては、いま誕生してくる子どもたちは、ほとんどの場合が望まれた子どもだと言えることよ。このことは個人の成長にとってすごく大事な条件なの。もちろん性教育と避妊方法の周知には全力を尽くさなければならない。あなたは行動モラルの教化と言ったけど、この言葉が私は好きじゃない。教育とか責任感を持たせることといった言葉を使うべきだと私は思うな」

――結局、これほど何世紀ものあいだ続いてきた支配に終止符を打つためにはどうすればよいわけ？

「もしも歴史の影響に気が付いていなければ、どんなに政治的な意志が強くても支配に終止符を打つことはできないだろうね。もしも支配と抑圧の関係という面から現実を分析する術を持たなければ、その不平等と効果的に闘うことはできない。別の言い方をするなら、性差別的広告や男女不均衡の雇用、DV、これらすべてがつながっていると見なすことが不可欠なの。これはフェミニストの断固として決意しているところ。つまり私たちは本当の平等をあらゆる分野で求めている。それ以上でもそれ以下でもない。そうはいっても私たちフェミニストのあいだでも具体的な個々の主張について、一致できないこともある。たとえば売春は、「統制派」と「廃絶派」のあいだで激しい論争の的になっている」

——何が相容れないの？

「統制派は売春を職業として認めるべきだと考え、売春婦には確たる地位がないこと、差別の犠牲になっていることを嘆き、自分の身体を売るのは自分の頭脳を売るのと同じように自由であるべきだと主張する。売春婦を「性労働者」という地位に位置づけることによって、衛生的にも社会的にももっといい環境で働くことが可能になり、売春斡旋業者から解放される可能性ももっと増える、と訴えているの」

――廃絶派は？

「廃絶派の方は、売春が認められているオランダで、それが消滅するどころか増加傾向にあることから、たとえ売春を「職業」として制度化しても、この商売は増える一方だと考えている。統制派と同じように、廃絶派も売春婦に汚名を着せることは正しくないとしているけれど、売春婦は売春をしているから特別な保護が必要なのではなく、一人の人間として、収入や職業訓練、ケア等々の普遍的な権利を享受できるようにしたいと考えている。売春は女性に対して行使される暴力だと見なしているので、廃絶派はジェンダーの観点から見た分析――売春をするのは圧倒的大多数が女性で、客と売春斡旋業者は男性である――に依拠し、売春の廃絶を目指しているのよ」

——売春を廃絶するって、ちょっとユートピアっぽくない？

「正確に言うなら、廃絶派は確かに部分的にはユートピアを自認している。あらゆるものが商品化しているこの時代に、廃絶派は私たちの人生、私たちの身体が商品の世界から逃れられる空間を求めて闘っているんだからね。ところでこの論争にはまた別の争点もあるんだよ。それは自由の行使ということ。統制派は男性でも女性でも、売春する自由を与えるべきだと考える。廃絶派は、そういう自由は男女のあいだの社会的関係によってゆがめられているし、売春するという「選択」は、何よりも社会的な背景や個人の来歴、心理的な圧力等々によって制約を受けていることから生じるものだと考える。こうなると果てしもなく広範囲に及ぶ哲学兼政治の論争になってくる。ただ両派の共通の敵がいるのよ。売春には治安で対処するという方法の信奉者たちのこと。この人たちはとりわけ路上で売春する売春婦を狩り出すことによって、売春婦に責めを負わせることを目指していて、「禁止論者」と呼ばれているの。ニコラ・サルコジが推進した、消極的であっても客引きは禁ずるという法律の論理がそれよ」

――姉さんは、売春についてはどっち派なの？

「廃絶派よ。この論争はとても厄介で、決着を付けるために私の場合は大いに時間を費やしたけどね。ほら、こんなふうに私は悩んでいるわけだから、あらかじめ決まった教義に依拠しているわけじゃないってことがわかるでしょ。フェミニストはどんなことにも出来合いの回答しかしない、なんてことはないのよ」

――買春する男はマッチョ？

「そう言ってもいいでしょうね……」

――どうして売春をするのは大多数が女性なんだろう？

「これもまた男女の関係の歴史、性の歴史の産物だよ。売春をする男性の数が次第に増えてきているという事実は、さまざまな性的アイデンティティが錯綜《さくそう》していることの副産物であることは確かね」

――自ら望んでする売春は存在する？

「それは哲学の問題よ。あなたの質問は、自身の選択の完全なる作者兼演者であるような人の自由を問題にしているわ。でもそこには社会的な決定要因や束縛はどこにも働いていないの？　自分の仕事として自ら売春を選んだんだと語る売春婦の声は、他の領域では、たとえばヴェールを着用する権利を主張する女性や、自分は家にいることができてうれしい、私的な空間に引きこもっていられてうれしいと語る女性の声と同様、耳を傾け尊重すべきではある。そうした声は、個々人が歩む道筋に対する先入観を打ち壊してくれるからね。でも実際には、それぞれが自由に選択したと言いながらも、同じような道筋をたどっていることが多いんだけどね。たとえば売春婦の多くが性的な暴力を受けた経験があるとか。また自分で選んだという声は、状況とそれに対する反応の複雑さを考慮に入れなければならないことを教えてくれる。

でもだからといって、そういう声があるから構築すべき社会組織、達成すべき平等という目標について、意見を持つことが妨げられるというものでもないけどね」

——完全に自由に選択することが難しいとすれば、性の自由というのは何なんだろう？　言ってみれば「やりたい放題」ってこと？

「うーん、「やりたい放題」っていうのが正確に何を意味しているのかよくわからないんだけど……。いずれにせよその言葉に非難の意味が込められているのは確かかね。そうであればその言葉は、性的快楽に対する束縛と縁を切ることを目指している性の解放の概念とは、ほとんど相容れない。性の自由とは、欲するところを為すということ。ただしとても重要な制限があるのよ。同意した成人同士であるということ。いま、「同意」ってどういう意味か聞こうと思ったでしょ。ジュヌヴィエーヴ・フレスというフェミニストの哲学者が書いた本を読んだらいいよ。『同意について』という題で、短いけどおもしろいエッセーで、私の本棚のよく目に付くところにあるはずだから」

――フェミニストどうしで意見が対立している事柄はほかにもある？

「あるわよ！　選挙候補者男女同数制《パリテ》がその例ね。いま、代表制民主主義がきちんと代表になってないでしょ？　テレビを点ければそれに気づくと思うけど。わが国の議会を支配しているのは、大ざっぱに言って、白人で六〇代で、政治学研究所かＥＮＡ（国立行政学院）出身者。代表制というこの方法の欠陥を検討し、当選者の構成が社会を反映するよう是正する策を考えなきゃ。フランスは普遍主義の国。だからパリテ推進派の多くは一九九〇年代に、男女が対になっていることこそ普遍的だという考えを主張したの。そして推進派は、性差を前面に押し出しながら、それが他のどんな差異をも超越するとした。社会の代表であるからには、かっちり半分ずつに分けて五〇パーセントが女性、五〇パーセントが男性にすべきだと主張したわけ。それに対してパリテ反対派のフェミニストは、それを法的に制度化してしまうと性差を強化しかねない、性差こそが男女不平等の土台なのに、と考えているの。反対派にとっては性差は数多くある差異のなかの一つに過ぎない。そうであれば、パリテはいわば法的なパンドラの筺《はこ》を開けることになる。ほかのさまざまな差異に基づく議席の割り当て要求が連鎖するから。たとえば工場労働者の子ども、移民の子ども、若者……などね。フランスでは国政や地方政治のさまざまなレベルの代表職を兼務することができるけど、パリテ反対派はこの兼職を禁止し、当選者の地位を規定する法律を作れば、特定の層による独占状態が緩和されるから、人口比に照らして代表に占める割合が低いカテゴリーに属する人たちにとって有利になるはずだと考えている。パリテ推進派の言うように、もしも議会から排除されている人たちに気を遣わなければならないというのなら、女性だけでなく支配されている者すべてが得をするようにしなきゃいけない。これが私の意見。要するに必要なのは、社会的な不平等が再生産されないようにするためには、特定のカテゴリーの支配層による権力の占有について、そのメカニズム全体にねらいを定めなければならないということよ」

――選挙候補者男女同数制《パリテ》の法制化を全体としてはどう評価しているの？

「確かに蟻塚《ありづか》の住人どもには強烈な一蹴《け》りを食らわせることになったし、議論が公の場に引きずり出されたけれど、大した成功とは言えない。法的拘束力が弱いから、本当の平等には到達できていない。いまでも国民議会は女性が一二パーセントしかいないし、全国の市長の九一パーセントは男性だよ。さらに政府が地方自治体に派遣する委員は、いまでもとても性差別的なまま。社会福祉、子育て、高齢者などの分野の担当者は女性に、財政、都市計画、交通などの担当者は男性に、というふうにね。そういうことでは失望が大きい。でもパリテの法制化によって、とにかく具体的な前進があったことは確か。とくに地方レベルではね。たとえば市町村、県、地域圏の諮問委員会では、多くの女性が責任ある地位に就いている。相対的ではあるけどこうした成功があったのは、パリテの法律そのものの成果であるのと同じくらい、パリテをめぐる運動のなかで議論が公になり、意識が高まったことによるのだと私は思う。でもね、そういったことも全部なかなか前に進まなくて……まるでカタツムリみたい。困ったものなんだよ」

——積極的差別についてはフェミニストは賛成なの？

「それも腹の立つ話の一つ！　「積極的差別」っていうのは、英語の「アファーマティヴ・アクション」のフランス語訳だけど、まったくだめな翻訳。そんな言葉にしちゃったから、フランスでこの考え方がずっと不評なんだよ。本当だったらむしろ「積極的差別是正措置」と言うべき。考え方としては、特定の人びと、たとえば女性に有利になるようにして、不平等を是正しようということ。人間は普遍的に人間として平等であって、それ以外の何者であるかは政治的には考慮しないというフランスの伝統的な共和主義とは、一見すると矛盾する考え方だよね。特定のアイデンティティを持つ人だけを特別扱いするというこの考え方が目指すところにまさに危険があって、個人をカテゴリーに閉じ込め、アイデンティティを固定しかねないと。だから積極的差別是正措置には副作用があると言われている。それは確かにそう……でも男と女は平等だなんて口で言っているだけでは実現しないのよ。平等というこの素晴らしい価値を現実のものにするためには抽象的な議論から抜け出すこと、支配の再生産にしかつながらないような普遍主義と手を切ることが必要なのよ。だから是正措置を、一時的なものとして講じることは避けがたいと私には思える。その上でそうした一時的措置が役目を終えられるかどうかは、哲学と、それに伴う政治的議論にかかっていると思う」

──それじゃあいま、フェミニストたちが一致して闘っているのは何に対して？

「最も根本的な目標は女性の解放よ。でも性差別をたちまちのうちに消滅させるような、鍵《かぎ》となる法律はいまのところ存在していない。だからフェミニストたちは必ずしも皆が同じ優先事項を掲げているわけじゃない。それに、すべてが法的な領域で起きているわけでもない。そんなわけでフェミニストたちの主張は単純じゃないし、わかりやすくもない。それに何よりも政治的な意志が不十分。それがあれば、とっくの昔に既存の法律を有効活用しているはずなのに。女性の権利はすでに法に規定されているのに、それを実現する手段を欠いていることが多いのよ。たとえば妊娠中絶することは法的には可能だけど、実際にはそれを実施する機関がどんどん閉鎖されていっている。財政的な理由でね。なかには中絶をするために海外に行かなきゃならない女性もいる。それに性教育も頼りにならなくて、女子は自分の生殖力をコントロールする術を教えられていないし、男子は予防しなければ自分の行為がどのような結果をもたらすか十分に情報を与えられていない。女性に対して行使される暴力については、被害者支援、広報、司法制度など、どの分野でも一様に資金不足がネックになっている。せめて実質的な権限を持った担当大臣を任命する必要があるわ。一言で言えば、いま私たちは困難な時代に生きている。何もしなくても男女はそのうち平等になると思っている人があまりにも多いけど、実際には、待っていても平等が実現するわけじゃない。しかもかつてのように、権利を法律で規定させることを要求していた時代は、勝利が目に見えてわかりやすかったけれど、いまは何を目指して闘っているのか把み所がなくなってきている。でも現代はこうした特徴があるからといって、私たちが態度を軟化させていいというわけじゃない。むしろその反対よ。平等や解放などというものが、黙っていても丸ごと転がり込んでくると思ったら大間違い！　だからつまり……さあ立ち上がれ！

——そうだね。性差別をなくすために、立ち上がらなくちゃね。

「マッチョ」の意味をまだ知らない日本人は多いかもしれない――――――内田春菊

「アメリカは基本マッチョの国だから」

のようなことが会話に出てくる人はともかく、たいがいの日本人はまだ
「マッチョってなに？」

って感じではないのでしょうか。

「筋肉モリモリの人のこと？」

みたいな。

私も昔はそうでした。


一三〜四年前だったか、ドイツのケーブルテレビの取材を受けたとき、たぶん五〇代くらいのインタビュアーの紳士があまりに素敵なので、

「ヨーロッパの男性は年を取った女のことも好きでいてくれますよね。日本はロリコンが多くて嫌です」

と言ったら、紳士の返事が
「ドイツでもマッチョはそうだよ」。

同時期、『ダーリンは外国人』という漫画の単行本の中に、外国人と結婚している人たちのエピソードがいくつか載ってて、その一つ。

「外国人の夫にビールをついだら、『マッチョだと思われるからやめてくれ』と言われた」。

どうですか？　ちょっとイメージ沸いてきません？　つまりは「男は優遇されるべきと信じて疑ったこともない、おつむまで筋肉で出来てるかのようなキャラ」ということなんですね。

私はフェミニズムに詳しくありません。きっとこの本の著者と話をしたら「ウー・ララ」と言われてしまうでしょう（山本リンダさんの「狙いうち」が頭に浮かんだあなた！「ウララ」はフランス語で「おやまあ」なんだそうですよ）。

日本ではまだまだ女性は知らないうちに、男性の欲望をかなえる方向に動いてます。もちろん私もそうでしたし、今もやってる可能性はある。気づいていても、そういうものなんだろうしな〜と波風を立てないために仕方なくやってるときもある。

だけど時々「あれ？」と思うのです。この違和感は何だろうと。

ずいぶん前のこと、高校生の何かの試験だったと思うんだけど、英語の訳を考える問題で、

My husband is out.

というのが出たらしい。そして正解は、

「主人は留守です」。

あなたはこれに違和感を感じますか？

結果、

「なぜ『夫』じゃなくて『主人』なのですか？」

という意見が持ち上がった。考えてみれば、英文は「私の夫」と言っていて、『私』はメイドや私設秘書ではなく『妻』である。

しかし今でも沢山の女性が自分の夫を「主人」と言います（私は「私には主人はいません」だの「私の人生の主人は私です」だのいちいち言う派だった）。「奥さん」だってつつましく奥にいるから奥さんなんですってね。でも、日本語の会話で、

「あなたの妻の名前は何ですか？」

「あなたの夫の仕事は？」

などと言うのって難しい。私は「ご主人は」と言う代わりに「あなたの結婚されてるかたは」と言ったりもするのですが、長いので結局「旦那さんは」になることが多い。これも大して変わりはしないのでした。

女性に優しい外国人の夫に、

「君が好きなように暮らして。何も強いるつもりはないよ」

と言われ幸せな結婚生活を送っているという話をしているのに、ずっと自分の夫を「主人は」と言っている女性を見たこともあります。この人の夫は、人に自分のことを話すとき彼女が「マスター」と言い続けていることを知っているのだろうか？　もし知らないとして、それを知ったとき彼はどう思うのだろうか……、私はそればかり気になってしまいました。

ここ何年か私の家はスッキリと母子家庭で、私は子どもと暮らしてますが結婚はしてません。

先日何か売り込みの電話らしいものがかかって来て、私の名前を知らない（家庭で電話を取ったとき名乗る人はもういない）女性に、

「奥さまでいらっしゃいますか」

と言われたので、

「違います」

と答えました。すると、

「お嬢さまですか」

と聞かれました。

この女性はたぶん私に経済的なことの決定権があるかどうかだけ知りたいのでしょうし、私も誰かのお嬢様であることは間違いないのですが、一応五四歳で子どもも四人いるしなあと思い、

「いや違います。何のご用ですか」

と言ってみましたが、もちろんそんな人と会話が弾むわけもないのでした。

営業しに家に来て、面と向かって私を「奥さん」と呼ぶ人もいるので、通りすがりならともかく、しばらくその人と話をしなければならないときは、たまに、

「奥さんじゃありません」

と言ってみるのですが、なんと先日「おねえさん」と呼び変えた男性がいました。ひゃー!!

この人たちも仕事なので、相手を不愉快にするつもりはないのです。つまり、そういう呼び方の方が親しくなれる、イコール私が喜ぶと思ってるわけです。溝が深いですよね……。なぜオールマイ

ティーな「お客様」を使わないのでしょう。嫌がる人もいるということを想像したことがないんでしょうが……。

さて、著者と同じように、私もレイプ体験があります。一度目は単発でなく性的虐待で、中学三年から高校一年にかけて半年間、実の母のセッティングにより育ての父親から。そして三六歳のとき、二六歳の担当編集者から。

どんな極悪犯罪人でも自分のことを善人と思っているらしいですが、レイプや性的虐待をする人間も、「愛してやってるつもり」だったり「可愛がってやっているつもり」なんだそうです。

でもこれこそ男の思想って気がする！　やだわ〜。

そして私の経験を聞いた人たちからも、男女問わず、「育ての父親も誘惑するような女」「自分のお父さんとセックスした変な人」「逃げようと思ったら逃げられたはず」「誘惑してないかどうかあやしいもの」などいろんなことを言われました。

きっと、そういう体験を聞いた違和感や恐怖を、

「そんなのは特殊なややこしい人だけのものに違いない」

と思いたいあまり、被害者をさらに攻撃するようなことを言ってしまうのでしょうが、言われる方はたまったもんじゃありません。

なので、
「こういうのおかしくない!?」
と叫びたい気持ちもわかる。私には政治的センスがあまりないので運動家になりませんでしたが、雨宮処凛さんと知り合って話を聞いたりするうちに、運動に参加してシュプレヒコールという形の表現に出会った人が、声を上げたときに初めて気づくことがあったり、そのカタルシスで体が軽くなったりするのだろうな……と少し想像出来るようになりました。

私の場合は漫画家になり、「これはどうなんだろう」と思うシーンを笑いとともに描くことを仕事にしました。

九年くらいやったところで、最初の子どもを産むことになりましたが、私は結婚制度と関係なく産みたかったので、独身のまま産みました。その一三年前に経験した一度目の結婚ですっかり懲りていたからです。

その相手は、私を家事や出産に使用する道具としか思ってない感じでした。私の物やお金を取り上げたり処分したりすること、暴力を振るうことを当然とし、

「旦那さまの言うことが聞けないのか」

「命令だよ」

などと芝居がかったセリフを好んで使いました。

そしてその結婚から三〇年以上過ぎたのに、相変わらず私にとって男とは、残念だけど、「最初はいいがそのうち殴ったり、精神的いやがらせをして言うことを聞かせようとするもの」。
もうダメだなと思うと頑張って別れるのですが、周りからは私の方が
「ダメ男を選ぶんだよね」とか
「よっぽど激しいんだろうね」
と言われます。世の中は、そういうことにしておきたいみたい。
なぜ私が男性と長続きしないのか、最近出した結論。彼らは、収入や才能、理解力、周りからの信頼、全てにおいて女と同等あるいは負けているのはどうしても嫌なのです。そう、同等も嫌みたいなの。なのでいくらこっちが「ここは私の得意分野だから私が強いけど、ここは全くかなわない」という風にジャンル別に具体的に思っていても向こうはそんなのどうでもいいんです。「オレの勝ち」でないと嫌なの。
では、私より収入の少ない夫たちや、仕事を真面目にやらない恋人たちがどうやってプライドを保っ

て来たか？

まず暴力。これは私に確実に勝てるので簡単。

あと、勝手に「育てたのはオレだ」というプロデューサー気分でいたのもいた（事実と全く違うので、向こうがそう思ってたことはずいぶん後になって気づきました）。

しかし、一番多いのはたぶん、「オレのセックスにメロメロだからオレの勝ち」と思っていた人。

私はセックスのことも漫画や小説に描く作家です。なのでうまくいってる恋愛を描くときには、女性が満たされているセックスシーンを描きます。

作品には、作家の側にいる人と似た人間が見え隠れすることが多いものですし、こっちがその気がなくても「これはオレだ」と勘違いする人もいます。

なので、あるキャラが「満たされたセックスシーン」に登場し、私の恋人や夫がその人物を「オレだ」と思い込んだ場合、結果、事実と違ってても、彼らに「自分はセックスがこんなにも上手」と勘違いさせる効果があるのです。

そしていくつもの勘違いを積み上げていくうちに、最後には「だからオレはこの女に何を要求しても大丈夫。むしろ全て許されなければおかしい」と結論付けるのが男というものらしいのです。このあたりに来ると私の方はもう「何こいつ図に乗っちゃってんの」と思っており、じき破局する。これが最近わかったこと。

遠回しに、「私の描く濡れ場はイケてる」という自慢になってますけど許して下さい。

「内田さんてすんごいエッチな作品描くよね」

とは言われても、

「内田さん濡れ場うまいよね」

とはなかなか言ってもらえないので（山藤章二さんは言ってくれた）もう自分で言おうかと。


近年、男をその気にさせといて、手に入りそうでなかなか入らないという所に自分を置くのが女の上手な生き方のように言う人もいます。

なんでかというとセックスしてしまうと「もう手に入った」と男の興味を失わせることがあるから、というのがモトネタらしい。

でもそれ、話の対照が人間でなくなって、「セックスグッズ」になってないかという気がするのですが!?

そんなことを「女子力」とか名付けられて喜んで方法論を手に入れようとしてる人もいるなんて、私は虚しいと思うのですが……。

このように、ほんとにいろいろと隠れていますし、まだほとんど、男の機嫌を取ってないとうまく暮らしていけないように社会は出来てます。男は歓迎されるが、それ以外は男に気に入られるようにしなければねって感じが優勢です。そしてそういうことを考えたこともない人が多い国だからこそ、「マッチョ」って言葉もぼんやり存在するだけ。

悲しんでも仕方ないし、何を理想とするかは日々変わって行きますから、現状をよく見て暮らせばいいかなと思ってます。

声を上げても消耗するだけでムダになるシーンも多く、タイミングが大切。

とりあえず、少なくとも私の子ども（女子二人男子二人）はお互いを○○ちゃん、○○くんと呼び合い、「男だからこうしなさい」「女だからこうしなさい」「上の子」「下の子」「うちの子」という言葉を私から聞かせられずに育ってます。

ええ、「ご主人様」のいない家で。

さあどうなるでしょう。生きるのが楽しい方向に行くといいんですけど。

（了）

著者
クレマンティーヌ・オータン（Clémentine Autain）
1973年、パリ郊外に生まれる。学生時代から政治運動に関わるが、22歳で強姦の被害を受けたことをきっかけにフェミニストとしての活動にのめり込む。1997年、男女平等のための男女混成の団体「ミクシテ」を共同で設立。2001年～2008年、パリ市の青少年担当の市長補佐官。その後もさまざまな団体、媒体で活躍中。

訳者
山本 規雄（やまもと のりお）
1967年、東京都生まれ。出版社等勤務を経て、現在、翻訳業・編集業に携わる。主な訳書に、『娘と話すアウシュヴィッツってなに?』（現代企画室）、『アース・デモクラシー——地球と生命の多様性に根ざした民主主義』（明石書店）、『〈同性愛嫌悪（ホモフォビア）〉を知る事典』（共訳、明石書店）ほか。

解説者
内田 春菊（うちだ しゅんぎく）
1959年、長崎県生まれ。漫画家、作家、俳優、歌手。1984年、四コマ漫画『シーラカンスぶれいん』（双葉社）で漫画家デビュー。1993年に発表した小説『ファザーファッカー』は直木賞候補となる。『私たちは繁殖している』『ファザーファッカー』両作合わせて、第4回ドゥマゴ文学賞を受賞。漫画『南くんの恋人』は何度もテレビドラマ化されている。執筆業以外にも、俳優として映画、舞台、テレビなどで幅広く活躍し、2010年からは映画監督業も。

子どもと話す　マッチョってなに?

発行　2014年6月10日　初版第一刷　2000部

定価　1200円+税

著者　クレマンティーヌ・オータン

訳者　山本規雄

装丁　泉沢儒花

発行者 北川フラム

発行所 現代企画室

150-0031　東京都渋谷区桜丘町15-8-204

TEL03-3461-5082　FAX03-3461-5083

e-mail: gendai@jca.apc.org

http://www.jca.apc.org/gendai/

印刷・製本　中央精版印刷株式会社

ISBN978-4-7738-1414-9 C0036 Y1200E